Birthe Hesebeck

Spielen mit der Dunkelheit

Spiele, Experimente und Gestaltungsaktionen für Kindergarten, Klassenfahrten, Projekttage und Ferienzeiten

Illustration: Anne Wöstheinrich

Arillus
Umweltbildung, Beratung und Naturerlebnis GmbH

Ökotopia Verlag, Münster

Impressum

Autorin Birthe Hesebeck

Herausgeber Arillus, Gesellschaft für Umweltbildung, Beratung und Naturerlebnis mbH

Illustratorin Anne Wöstheinrich

Lektorin Barbro Garenfeld

Satz Hain-Team, Weimar

ISBN 3-86702-002-7
ISBN 978-3-86702-002-2

1 2 3 4 5 6 7 8 9 10 11 • 13 12 11 10 09 08 07 06

Mein Dank gilt

- meinen Kollegen bei Arillus – Gesellschaft für Umweltbildung, Beratung und Naturerlebnis – für die kreative Zusammenarbeit in den letzten Jahren, bei der viele der Spielideen geboren und ausgefeilt wurden
- meinem Mann Stefan Schulz für die vielen Anregungen und Anmerkungen, die mir immer wieder weiter geholfen haben und für die Geduld damit, dass ich die Zeit, die ich zum Schreiben benötigte, von unserer gemeinsamen Zeit nehmen musste
- und nicht zuletzt allen Kindern und Jugendlichen, die bei unseren Projekten so viele neue Impulse für jede Idee gaben

Inhalt

Einleitung

Die Abende sind hell, die Sonne geht früh auf und ich genieße, dass die Tage länger sind als die Nächte. Noch ist es Sommer, aber schon bald werden die Tage wieder kürzer werden. Dann heißt es im Dunkeln aufstehen und – im Extremfall – im Dunkeln von der Arbeit wieder nach Hause kommen.

Ich liebe die hellen Tage. Aber auch den dunklen kann ich immer mehr abgewinnen. Dieses Buch soll auch Ihnen helfen, mit Kindern und Jugendlichen die Dunkelheit als spannende Welt zu entdecken.

- Eine Welt, in der uns die Augen nur wenig nützen und wir unsere anderen Sinne schärfen müssen.
- Eine Welt, wie sie Blinde vorfinden.
- Eine Welt, in der wir uns angenehm gruseln können – aber auch mit Ängsten umgehen lernen.
- Eine Welt, in der wir versuchen können, Schatten zu fangen und die Dunkelheit zu färben.
- Eine Welt der Abenteuerspiele genauso wie eine in Hektik, eine Welt der Ruhe und Besinnung.

Zum Aufbau des Buches

Das Buch in Ihren Händen ist das Ergebnis langjähriger Erfahrung mit Kindern und Jugendlichen bei Nachtaktionen. Es soll Sie ermutigen, selber mit Kindern die Nacht bewusst zu erleben und zu genießen. Und vor allem soll es Ihnen einen Fundus an Ideen und Aktionen an die Hand geben, in eigenen Projekten die Nacht von vielen Seiten zu „beleuchten" und in sie einzutauchen. Jedes Kapitel betrachtet dabei eigene Aspekte der Nacht und Dunkelheit.

In **Spiele und Experimente für Nachtforscher** (➜ S. 5) gehen wir auf Sinnesreise. Was passiert mit unseren Sinnen in der Nacht? Welche Sinne setzen nachtaktive Tiere ein? Wie nehmen Pflanzen die Dunkelheit wahr? Und wie erleben Blinde den Alltag?

So schön gruselig ... (➜ S. 20) widmet sich dem Umgang mit der Angst. Geisterbahnen, Mörderspiele und Gruselfete – es gibt viele Möglichkeiten, ein Kribbeln im Bauch zu erzeugen!

Die Kapitel **Licht und Schatten** (➜ S. 33) und **Die Dunkelheit färben** (➜ S. 43) widmen sich den künstlerischen Aspekten der Nacht. Schattentheater, LandArt-Projekte oder auch das Spiel mit Licht und Lampen im nächtlichen Wald zeigen verschiedene Herangehensweisen für unterschiedliche Altersstufen auf.

Etwas ganz Besonderes ist es, draußen in der Natur die Nacht zu verbringen. **Biwak – nachts in freier Natur** (➜ S. 57) gibt Tipps und Handwerkzeug hierfür. Wie richte ich das Lager ein? Darf ich ein Lagerfeuer machen? Was lässt sich rundherum beobachten? Wann erwachen die Vögel wieder?

Und was können wir in sternklaren Nächten entdecken? Wie lassen sich Sternbilder am Himmel erkennen? Was können wir am Mond ablesen? Im Kapitel **Mondenkind und Sternenbilder** (➜ S. 71) werden einfache astrologische Phänomene kinderleicht erklärt.

Das Kapitel **Abenteuer- und Geländespiele** (➜ S. 78) weckt den Unternehmergeist in uns und lockt uns in den Wald hinaus. Nicht nur mit den großen Kindern, auch mit den kleinen lassen sich hier Abenteuer bestehen.

Am Ende des Buches finden Sie **Programmbeispiele** (➜ S. 89) für Nachterlebnis-Aktionen mit Kindern und Jugendlichen. Ob „nur" eine Nachtwanderung oder ein großes Projekt rund um das Thema Dunkelheit – die Beispiele sollen Ihnen Anregungen geben, spannende Programme selbst zu entwickeln und an Ihre Gruppe anzupassen.

Ich wünsche Ihnen viel Spaß beim Lesen, Vorbereiten und natürlich in der Dunkelheit!

Ihre *Birthe Hesebeck*

Spiele und Experimente für Nachtforscher

Unsere Sinne in der Nacht

Menschen sind ausgeprägte „Augenwesen". Unsere Augen sind unsere Fenster zur Welt. Der Sehsinn liefert uns rund 80 Prozent aller Informationen aus der Umwelt, die wir im Gehirn verarbeiten. Wir können etwa 150 Farbtöne aus dem Spektrum des sichtbaren Lichtes unterscheiden und zu einer halben Million Farbempfindungen kombinieren. Doch gerade in der Nacht hilft uns der Sehsinn relativ wenig. Bereits in der Dämmerung verschlechtert sich das Farbsehen zunehmend: Die Welt um uns herum wird in Grau- und Schwarztöne getaucht. Die Sehschärfe lässt nach. Und schließlich fangen wir an, Bewegungen am Rande unseres Blickfeldes immer wichtiger zu nehmen. Wir sind irritiert: War das ein sich im Wind bewegender Ast? Oder etwas viel Größeres, vielleicht ein Wolf, eine Gefahr?
Unsere anderen Sinne erhalten erhöhte Aufmerksamkeit, um in der Dunkelheit Klarheit über unsere Umwelt zu erlangen. Wir spitzen die Ohren oder ertasten mit den Füßen und Händen den Weg. Alles ist ungewohnt, neu – und dadurch auch aufregend und spannend!
Wie verändern sich die Regenbogenfarben in der hereinbrechenden Nacht? Wie lang erscheint ein Weg, wenn wir uns nur tastend fortbewegen können und sichtbare Orientierungspunkte fehlen?

Die Farben verschwinden

In der Regel finden sich draußen Bereiche, die unterschiedlich dunkel sind: In der Nähe einer Laterne ist es noch recht hell, unter einem Baum schon eher dunkel, in einer überdachten Ecke nachtschwarz.

Alter: ab 5 Jahren
Material: Papier, Malfarben; evtl. Jacken und Decken
Ort: draußen in der Dämmerung; tagsüber oder bei Regen auch drinnen
Vorbereitung: Die Kinder bemalen ein Blatt Papier in den Farben des Regenbogens. Eine Ecke lassen sie weiß, eine weitere malen sie schwarz und braun.

Die Kinder laufen von den hellen Bereichen in die dunkelsten Ecken und beobachten dabei auf ihrem gemalten Bild, wo sie welche Farbe erkennen können. Wo ist das Gelb noch sichtbar? Wo das Rot oder Grün? Welche Farben sehen plötzlich gleich aus?
Was passiert? In unseren Augen gibt es zwei Sorten von Sinneszellen. Die „Zapfen" sind für das Farbensehen zuständig, die „Stäbchen" für das Hell-Dunkel-Sehen. Nun sind aber die Zapfen nicht so lichtempfindlich wie die Stäbchen. Das heißt: Die Zapfen schalten sich in der Dämmerung aus – wir können keine Farben mehr erkennen. Die Stäbchen unterscheiden noch länger zwischen Hell und Dunkel. Wir sehen also in der Dämmerung nur mit den Stäbchen.

Variante

Bei Regen oder am hellen Tag lässt sich der Versuch auch drinnen durchführen. Dazu kleine Räume unter den Tischen mit Jacken und Decken unterschiedlich stark abdecken, so dass verschiedene „Dunkelkammern" entstehen.

Ballspiel in der Dämmerung: unscharfe Welt

Den Erwachsenen ist nur zu gut bekannt: Beim Spielen in der Dämmerung passieren die meisten Unfälle. Zum einen natürlich, weil die Kinder müde sind und die Aufmerksamkeit nachlässt. Zum anderen aber auch, weil unsere Augen uns etwas im Stich lassen. Wir sehen nicht nur nach und nach keine Farben mehr, wir können vor allem nicht mehr scharf sehen! Ein einfacher und ungefährlicher Test hierfür: Ballspiel in der Dämmerung.

Alter: ab 5 Jahren
Material: kleine, weiche Softbälle
Ort: draußen in der Dämmerung oder in einem leicht abgedunkelten Raum

Die Kinder stellen sich im Kreis auf. Zu ihrem Nachbarn nehmen sie jeweils über eine Armlänge Abstand. Sie werfen sich gegenseitig einen Ball kreuz und quer zu. Die Kinder merken: Das Fangen ist ungleich schwieriger als am Tag! Wieso denn bloß?

Was passiert? Auf der Netzhaut in unserem Auge gibt es einen Bereich, in dem wir am schärfsten sehen können. Er nennt sich der „gelbe Fleck". In ihm befinden sich die überwiegend für das Farbsehen zuständigen Zapfen. Die Stäbchen sind auf die restlichen Netzhautbereiche konzentriert, also dort, wo die Sehschärfe nicht so hoch ist. Sie sind zudem nicht alle direkt mit einer Nervenzelle verbunden, was auf Kosten der Auflösung geht.

Nun sind in der Dämmerung jedoch die Zapfen „ausgeschaltet". Wir sehen also nur noch mit den Stäbchen – allerdings nicht mehr ganz scharf, denn sie sind im Ort des schärfsten Sehens kaum vorhanden.

Der Geheimtrick in der Dämmerung: indirektes Sehen

Indirektes Sehen bedeutet, dass wir am eigentlichen Objekt vorbeischauen, um es zu sehen. Das klingt erst einmal verrückt, ist aber ein bekannter Trick für alle Beobachter des Nachthimmels. Was passiert z. B., wenn wir versuchen, einen Stern punktgenau zu fixieren?

Alter: ab 6 Jahren
Material: Nachthimmel
Ort: draußen

Wir stellen unsere Augen so ein, dass wir einen Stern genau ins Visier nehmen. Sein Abbild erfolgt an der Stelle des schärfsten Sehens – also im gelben Fleck. Dort finden sich jedoch nur Farbsinneszellen, die in der Dunkelheit ruhen. Das heißt, wir sehen rein gar nichts! Gucken wir jedoch leicht am Stern vorbei, fällt er uns sogleich ins Auge, da das Licht nicht auf den gelben Fleck fällt, sondern Millionen der lichtempfindlichen Stäbchen trifft.

Nachtblind

Stellen wir uns Folgendes vor: Wir sind in einer großen Graslandschaft. Die Nacht ist hereingebrochen, es ist stockfinster. Aber wir wissen, dass sich genau vor uns in etwa 100–200 m Entfernung unser Zelt befindet. Wir gehen daher los, einfach geradeaus. Werden wir ankommen? Es lohnt sich, das einmal auszuprobieren!

Alter: ab 5 Jahren
Material: Augenbinde, Taschenlampe
Ort: eine große, ebene Wiese, die weit und breit ungefährlich ist (keine Stolperfallen, keine Bäume und Büsche)

Alle Kinder stellen sich an einem Rand der Wiese zum Start auf. Eine Betreuungsperson wartet etwa 100–200 m entfernt am Ziel. Damit jeder weiß, wo er hingehen muss, lässt sie am Ziel die Taschenlampe kurz aufblitzen.
Einem Kind werden die Augen verbunden. Es erhält eine Taschenlampe, macht diese an und läuft in Richtung Ziel los. Der Rest der Gruppe beobachtet, was passiert. Hält das Kind die Richtung ein? Wo kommt es an? Auf den Ruf „Stopp" der Spielleitung, z. B. kurz bevor das Kind den Rand des Spielfeldes erreicht, bleibt das Kind stehen und nimmt die Augenbinde ab. Es wird eine Überraschung erleben!
Was passiert? In der Regel laufen wir einen Bogen, im Extremfall sogar einen Kreis. Das kommt daher, dass wir ein Bein stärker benutzen als das andere. Mit offenen Augen gleichen wir das aus. Blind fehlen uns jedoch die Orientierungspunkte hierfür. Und so kommt es, dass Menschen im Nebel oder in der Nacht sogar bei recht kleinen Entfernungen verloren gehen. Zum Glück kommen solche Situationen nur sehr selten vor, da wir zumeist einen Anhaltspunkt in der Ferne besitzen, an dem wir uns orientieren können.

Für Schlaufüchse: Wie funktioniert unser Auge?

Unser Auge funktioniert wie eine Kamera. Hornhaut und Linse übernehmen dabei die Funktion des Objektivs. Die Linse kann ihre Form verändern und so Gegenstände in unterschiedlichen Entfernungen auf der Netzhaut scharf abbilden.

Am Hintergrund des Auges befindet sich die Netzhaut, sie dient als Empfänger für das ankommende Licht. Die Netzhaut trägt zwei unterschiedliche Arten von lichtempfindlichen Sinneszellen: die Zapfen (Farbensehen) und die Stäbchen (Hell-Dunkel-Sehen). Am dichtesten sind die Sehzellen in der Mitte der Netzhaut gepackt. Sie bilden dort den etwa 1,5 mm großen, so genannten „gelben Fleck": die Stelle des schärfsten Sehens.

Die Sinneszellen in der Netzhaut wandeln die elektromagnetischen Wellen des Lichts in Nervenimpulse um und leiten sie an den Sehnerv weiter. Von dort gelangen die Reize über das Zwischenhirn in das Sehzentrum des Großhirns. Erst hier entstehen aus den Signalen beider Sehnerven der Augen Bilder.

Wie passen sich die Augen an Licht und Dunkelheit an?

Der Fotoapparat besitzt eine Blende, deren Durchmesser bei geringen Lichtverhältnissen größer eingestellt wird. Im Auge nimmt diese Funktion die Pupille wahr. Bei hoher Lichtintensität wird der Pupillendurchmesser verkleinert, bei schwachem Licht weitet sich die Pupille, um möglichst viel Licht auf die Netzhaut zu lassen. Diese Veränderung kann in wenigen Sekunden erfolgen.

Dennoch kennt jeder den Effekt, dass sich die Augen langsam an die Dunkelheit anpassen und wir nach 30 Minuten schon sehr viel mehr sehen als zu Beginn in der Dunkelheit. Dies liegt an der „Adaption" des Auges. Um diese zu verstehen, müssen wir wissen, dass die Aktivität der Sehsinneszellen, vor allem die der Stäbchen, durch den Stoff Rhodopsin gesteuert wird. Bei der Adaption an die Dunkelheit wird Rhodopsin produziert, wodurch die Lichtempfindlichkeit des Auges zunimmt. Diese Produktion dauert allerdings eine Weile, so dass sich die Anpassung an die Dunkelheit über 30 bis 45 Minuten erstreckt.

Eselsbrücke: Zapfen – Stäbchen

Zapfen: *Die Zapfen im Auge sind für das „komplizierte" Farbensehen zuständig. Dies lässt sich über die Eselsbrücke „Tannenzapfen" merken, denn auch Tannenzapfen sind im Vergleich zu dünnen Stäbchen sehr komplizierte Gebilde.*

Stäbchen: *Die Stäbchen im Auge sind für das „einfache" Schwarz-Weiß-Sehen zuständig. Auch Holzstäbchen (z. B. Eisstäbchen) sind ganz einfach gebaut.*

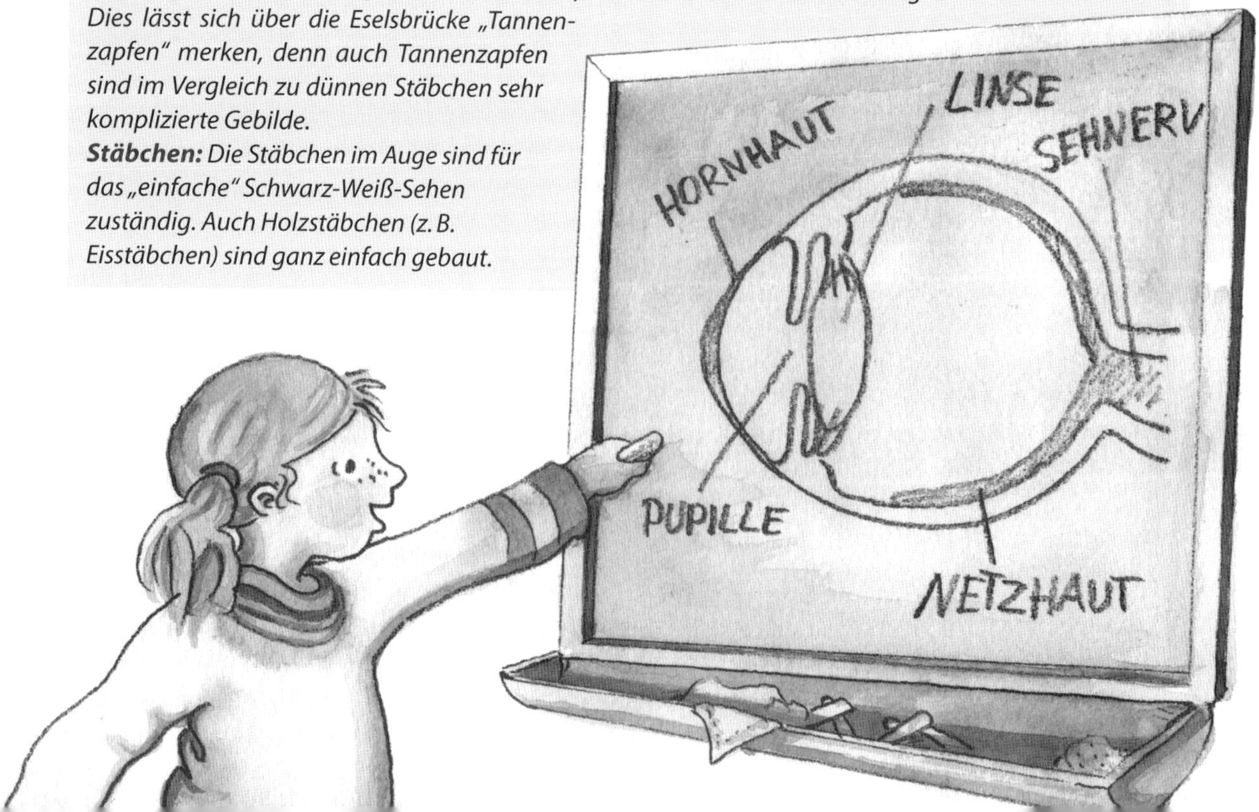

Wie Wolf und Eule die Nacht erforschen

Hören wie eine Eule

Die Eule ist ein nächtlicher Jäger, der nach dem Gehör jagt. Wie ist das möglich? Die Eule kann ein Geräusch punktgenau orten. Anders als wir Menschen kann sie nicht nur feststellen, ob das Geräusch von links oder rechts kommt – sie kann auch die Höhe (oben oder unten) „berechnen".

Alter: ab 5 Jahren
Material: Augenbinden
Ort: auf einer Wiese oder im Wald
Dauer: 20 Minuten

Die Gruppe teilt sich in Eulen und Mäuse, wobei auf acht Eulen ungefähr eine Maus kommt. Als Eulen können sich die Kinder ganz auf ihr Gehör konzentrieren. Sie bilden einen Kreis und verbinden sich gegenseitig die Augen. Jede Eule hält dabei eine Armlänge Abstand zu seinem Nachbarn, so dass sich nur die ausgestreckten Hände berühren können. Von außen schleichen sich ein bis vier Mäuse in den Kreis, so leise, dass sie dabei nicht gehört werden! Meint eine Eule eine Maus zu hören, ergreift sie die Hand der neben ihr stehenden Eule und schließt dadurch einen Eingang in den Kreis – die Maus muss es an einer anderen Stelle probieren.

Für Schlaufüchse: Wie lassen sich Geräusche punktgenau orten?
Die besonders gut ausgeprägte Fähigkeit der Eule Geräusche punktgenau zu orten liegt an dem stark asymmetrischen Aufbau des Eulenkopfes: Der Schalltrichter der einen Gesichtshälfte ist sensibler für Geräusche, die von oben kommen, während das andere Ohr besser nach unten lauscht. Aus dem Lautstärkeunterschied, mit dem die beiden Ohren dasselbe Geräusch wahrnehmen, berechnet die Eule den Höhenwinkel, in dem sich die Beute befindet.
***Übrigens:** Auch unsere Ohren sitzen leicht asymmetrisch am Kopf. Brillenträger können das bestätigen, denn die Brillenbügel müssen vom Optiker erst angepasst werden, weil die Ohren nicht genau auf derselben Höhe liegen. Auch uns ermöglicht diese Ohrstellung, Geräuschquellen relativ genau zu orten.*

Hasenohren aufgestellt

Auch der Hase ist ein Tier mit einem ausgeprägt guten Gehör. Als Beutetier von größeren Raubtieren, z. B. dem Fuchs, muss er stets wachsam sein. Neben den seitlich am Kopf liegenden Augen, die dem Hasen einen Rundumblick ermöglichen, fallen die langen Ohren besonders auf. Auch sie sind sehr beweglich und können Geräusche aus allen Richtungen einfangen. Kommt der Feind zu nahe, flitzt der Hase davon.

Alter: ab 5 Jahren
Material: Augenbinde; evtl. kleine Gegenstände, um Geräusche zu machen (Stöcke, trockenes Laub, Steine)
Ort: draußen auf einem Schotterweg, im Wald oder auf einer Wiese – der Untergrund sollte etwas strukturiert sein, um das Schleichen zu erschweren

Dem Kind, das den Hasen spielt, die Augen verbinden. Der Hase sitzt im tiefen Gras und kann daher nur wenig sehen, so dass er vor allem mit den Ohren sichert. Die anderen Kinder schleichen sich nacheinander an den Hasen an. Jedes Mal, wenn der Hase ein Kind hört, zeigt er in die Richtung, aus der er das Geräusch hört. Trifft er dabei, zeigt z. B. auf den Bauch des gehörten Kindes, scheidet dieses aus und muss still verharren. Wer schafft es, bis zum Hasen zu gelangen?

Variante 1

Zeigt der Hase auf das anschleichende Kind und „trifft", ruft die Spielleitung „Stopp!". Daraufhin nimmt der Hase die Augenbinde ab. Ruft die Spielleitung „Jetzt", rennen beide Kinder los, wobei der Jäger versucht, den Hasen abzuschlagen, ehe dieser einen sicheren Ort in etwa 10 m Entfernung erreicht hat. Je näher der Jäger bereits an den Hasen herangeschlichen war, desto besser stehen seine Chancen. Schafft der Hase es dennoch zu entkommen?

Variante 2

Die Kinder bilden einen Halbkreis um den Hasen. Jedes Kind hat einen Gegenstand in der Hand, mit dem es auf ein Zeichen hin ein Geräusch erzeugen darf. Der Wächter versucht möglichst genau auf den Ort zu zeigen, von wo das Geräusch stammt. Und was war das für ein Geräusch?

Abendspaziergang des Waschbären

Der Waschbär ist überwiegend in der Nacht unterwegs. Dabei orientiert er sich vor allem über seinen Tastsinn. Mit seinen Händen, die unseren wegen der langen Finger sehr ähnlich sehen, ertastet er den Weg und seine Nahrung: Beeren, Schnecken, Pilze usw. Die Augen benötigt er dazu nicht.

Alter: ab 5 Jahren
Material: 1 langes Seil, pro Kind 1 Augenbinde, Gegenstände als Tastmaterial (z. B. 1 Spülbürste, 1 Stück Stoff oder Fell, 1 Apfel, 1 Kuscheltier, 1 Zapfen, 1 Hirschgeweih, 1 Feder, 1 Schneckenhaus)
Ort: zwischen Bäumen oder zwischen Geräten in der Turnhalle

Vorbereitung
Damit die Kinder blind nicht gegen Bäume rennen, von Baum zu Baum ein Seil spannen: Mal in Armhöhe, mal nahe am Boden, bergauf und bergab führt es durch den Wald. Darauf achten, dass der Weg durchgehend auf einer Seite des Seiles begehbar ist. An dem Seil Gegenstände befestigen, die die Kinder ertasten können.

Am Start den Kindern die Augen verbinden. Als Waschbären ist ihr Sehsinn nur gering ausgeprägt. Ein Kind nach dem anderen zum Seil führen, dem es blind folgen soll. Dabei gilt es, genau zu tasten:

- Wie viele Gegenstände hängen am Seil? Welche?
- Gibt es etwas, das niemand erkennt?
- Welche Dinge würde der Waschbär essen?

Immer der Nase nach: ein Wolfsrudel auf der Jagd

Wölfe haben wie Hunde einen ausgeprägten Geruchssinn. Ihre Nase besitzt bis zu einer Milliarde „Riechzellen" – das sind bis zu 100 Mal so viel wie beim Menschen. Und nicht nur das: Die Riechzellen sitzen in kompliziert gefalteten Schleimhäuten, die eine möglichst große Kontaktoberfläche zu den eingeatmeten Duftmolekülen herstellen. Kein Wunder also, dass die Supernasen noch feinste Gerüche erschnuppern können!

Alter: ab 5 Jahren
Material: intensives Duftöl oder Deo
Ort: zwischen Bäumen im Park oder im Wald
Vorbereitung: Eine Duftspur an den Bäumen anbringen, d. h. die Bäume in Nasenhöhe der Kinder mit Duft besprühen.

Die Kinder bilden ein großes Wolfsrudel, das einer Duftfährte folgt. Mit der Nase geht es auf die Suche nach dem richtigen Pfad! Wo führt der Duft entlang? Wo endet die Spur, wo verliert sie sich? Eine schwierige Aufgabe für die Kinder, die sie gemeinsam im „Wolfsrudel" jedoch gut leisten können. Dabei wird den Kindern bewusst, dass die Nase eines Hundes oder Wolfes sehr fein sein muss, um noch dünneren Geruchsspuren zu folgen!
Wichtig! Das Rudel muss zusammenbleiben, sonst besteht die Gefahr, dass einer der kleinen Wölfe mit verschnupfter oder ungeübter Nase verloren geht!

Mücken: Orientierung mit dem Temperatursinn

Mücken können über etliche Meter hinweg mit ihren Antennen Temperaturunterschiede wahrnehmen. So erscheint ihnen ein Mensch in der Nacht nicht nur als Duftquelle, sondern auch als Wärmebild. Im Winter können die Kinder erproben, in welcher Entfernung wir Menschen Temperaturunterschiede wahrnehmen.

Alter: ab 5 Jahren
Material: Augenbinde, Heizung
Ort: drinnen

Einem Kind die Augen verbinden. Es wird langsam durch den Raum geführt, während sich alle still verhalten, damit das Kind die Richtung nicht erahnen kann. Kann es die Heizkörperwärme wahrnehmen? Wenn ja, ab welcher Entfernung?

Für Schlaufüchse: Welche Sinne gibt es?
Die bekanntesten Sinne sind Hören, Fühlen, Sehen, Riechen und Schmecken. Doch es gibt noch mehr, z. B. den Gleichgewichts- und den Temperatursinn. Letzterer ist auch bei Schlangen besonders gut ausgeprägt: Sie können über die Wärmestrahlung ihre Beutetiere orten. Bei Zugvögeln beobachten wir zudem den so genannten elektromagnetischen Sinn, mit dem sich z. B. Gänse und Schwalben während des Vogelzugs orientieren.

Der beliebte Klassiker: Fledermaus und Nachtfalter

Die dämmerungs- und nachtaktive Fledermaus orientiert sich ebenfalls nicht über die Augen in der Nacht. Sie setzt eine besondere Methode ein: die Echo-Ortung. Sie lässt einen hohen Schrei im Ultraschall-Bereich ertönen, der für uns Menschen nicht mehr hörbar ist. Stößt der Schrei auf ein Hindernis, z. B. einen fliegenden Nachtfalter, eine Hauswand, einen Busch, wird das Echo reflektiert und von der Fledermaus wahrgenommen. So bekommt die Fledermaus ein sehr genaues „Hörbild" von dem fliegenden Käfer und der Umgebung.

Alter: ab 5 Jahren
Material: 2 Augenbinden
Ort: draußen auf der Wiese oder auf dem Weg

Ein Kind übernimmt die Rolle der Fledermaus, ein anderes spielt einen Nachtfalter oder Käfer. Beiden Kindern die Augen verbinden, so dass sie sich nur noch über das Gehör orientieren können.

Die übrigen Kinder fassen sich an den Händen und bilden einen Kreis, der gleichzeitig die Spielfeldumgrenzung darstellt. Sie achten darauf, dass Fledermaus und Falter nicht im Eifer des Spiels aus dem Kreis herausfliegen.

Die Spielleitung positioniert Falter und Fledermaus an unterschiedlichen Stellen innerhalb des Kreises.

Auf ein Zeichen hin sind alle vollkommen still: das Spiel beginnt.

Die Fledermaus begibt sich auf die Jagd und versucht den Falter zu fangen. Dabei sendet sie „Schreie" aus, indem sie einmal klatscht. Der Nachtfalter reflektiert die „Schreie" als Echo und klatscht zweimal. Die Fledermaus versucht den Falter nach Gehör zu fangen. Hat sie ihn berührt, sind die nächsten Freiwilligen dran.

Wichtig! Bitte darauf achten, dass das Spiel nicht zu wild wird, sonst besteht Verletzungsgefahr.

Licht und Dunkelheit im Pflanzenreich – Experimente mit Pflanzen

Wie reagieren Pflanzen auf Licht und Dunkelheit? Wozu benötigen Pflanzen Licht? Können auch Pflanzen die Uhr lesen? Diesen Fragen kommen die Kinder durch ein paar kleine Experimente auf die Spur.

Sprosswachstum beobachten

Alter: ab 5 Jahren
Material: 4 Kartoffelknollen mit „Augen" pro Kind, Blumenerde, Blumentöpfe, Feuerbohnen
Ort: drinnen

Versuch 1: Kartoffelkeimlinge

Jedes Kind nimmt vier eingelagerte Kartoffeln, die bereits „Augen" haben. Zwei der Kartoffeln legen die Kinder an einen hellen, lichten Ort. Die zwei restlichen Kartoffeln werden im Dunkeln untergebracht.

Was passiert? Im Laufe der nächsten Tage und Wochen wachsen aus den Augen der Kartoffeln, die in der Dunkelheit aufbewahrt wurden, farblose Triebe, aus den „Lichtknollen" grüne Stängel.

Versuch 2: Bohnenkeimlinge

In zwei Blumentöpfe Bohnensamen einpflanzen und gut feucht halten. Sprießen die Keimlinge aus der Erde, den einen Topf an einen sonnigen Fensterplatz, den anderen in eine dunkle Ecke stellen.

Was passiert? Auf der Fensterbank im Sonnenlicht gedeihen die jungen Bohnen prächtig! Die Pflänzchen im Dunkeln hingegen bilden nur dünne Stiele mit kleinen gelben Blättchen.

Wie kommt das? Pflanzen benötigen Licht. In ständiger „Nacht" verkümmern sie. Das liegt daran, dass Pflanzen Licht für die Fotosynthese benötigen. Die Lichtenergie ist Voraussetzung für die Arbeit der Pflanzen in ihrer grünen Blattküche: Sie ist wie das Herdfeuer beim Kochen. In den grünen Blättern passiert dann Folgendes: Das Wasser und die Nährstoffe aus dem Boden sowie das Kohlendioxid aus der Luft werden auf dem „Herd" (Sonnenenergie) zu Zucker und Sauerstoff gekocht. Der Sauerstoff ist ein Abfallprodukt – er verlässt die Blätter über winzige „Schornsteine", die Spaltöffnungen. Der Zucker wird als Baustoff zum Wachstum genutzt.
Das Besondere: Nur Pflanzen und wenige Bakterienarten sind fähig, mit Sonnenenergie Zucker als Lebensgrundlage herzustellen. Kein Tier und kein Mensch ist dazu in der Lage – wir sind von den Pflanzen abhängig.

Für Schlaufüchse: Warum ist Spargel blass?
Spargel ist eine Pflanze, bei der wir die Erde um die Triebe extra anhäufen, um sie im Dunkeln zu halten. So werden die Triebe lang und zart und schmecken uns gut. Damit die Pflanze jedoch überleben kann, lassen die Bauern sie ab Ende Juni frei wachsen. Sie bildet dann grüne Triebe über der Erde und kann Fotosynthese betreiben.

Dem Licht entgegen: Das Kartoffellabyrinth

Solange die Kartoffel nur weiße Triebe bildet, lebt sie aus den Reserven der Knolle. Sie ist daher bestrebt, möglichst schnell ans Licht zu kommen und grüne Blätter zu entwickeln. Nur so kann sie aus Luft, Wasser und den Nährstoffen aus dem Boden Zucker produzieren, weiter wachsen, sich vermehren und sogar in neuen Knollen Reserven speichern, die diese für die Keimlinge im nächsten Jahr benötigen. Im Kartoffellabyrinth beobachten die Kinder, wie die Pflanze nach dem Licht sucht und es auch findet!

Alter: ab 5 Jahren
Material: Karton, Pappe, Schere, Kreppklebestreifen, Blumentopf, vorgekeimte Kartoffeln
Ort: drinnen

Die Kinder unterteilen einen Karton mit zwei Pappen in drei Kammern.

Jede Kammer mit der benachbarten durch ein kleines Fenster verbinden. Die Fenster dabei räumlich versetzt anlegen.

Nach dem Schneiden der Fenster die Ränder der Pappen mit Kreppklebestreifen gut verkleben und abdunkeln. In die oberste Kammer mit der Schere ein Fenster schneiden, so dass Licht einfallen kann.

In die unterste Kammer stellen die Kinder einen kleinen Blumentopf mit feuchter Erde und eine vorgekeimte Kartoffel.

Über die nächsten Tage und Wochen beobachten die Kinder den Zick-Zack-Weg des Kartoffelkeimlings, bis er tatsächlich oben aus dem Loch herausschaut. Nach zwei oder drei Wochen bei Bedarf leicht gießen.

Die Blumenuhr

Pflanzen orientieren sich an dem wechselnden Rhythmus von Tag und Nacht. In diesem Rhythmus öffnen und schließen sie ihre Blüten. Wissenschaftler sind anfangs davon ausgegangen, dass die Bewegung der Blütenblätter direkt durch Licht gesteuert wird. Versuche mit dauerhafter Lichtbestrahlung haben jedoch gezeigt, dass die meisten Pflanzen eine innere Uhr besitzen.

Alter: ab 5 Jahren
Material: Beet, Blumensamen oder Pflanzen (z. B. Zaunwinde, Taglilie, Weiße Seerose, Kleines Habichtskraut, Gauchheil, Margerite, Pfingstnelke, Malve, Stockrose, Zaunwinde, Milchstern, Tigerblume, Passionsblume, Lungenkraut, Kartäuser Nelke, Ringelblume, Ferkelkraut, Wunderblume, Ackerwinde)
Ort: Garten

Die Idee der Blumenuhr geht auf den Naturforscher Carl von Linné aus dem 18. Jahrhundert zurück. Sie ist leicht nachzubauen: In einem runden Beet zwölf „Tortenstücke" in der unten angegebenen Reihenfolge bepflanzen. An dem Öffnen und Schließen der Blüten lässt sich in den Blütemonaten (Juli, August) die ungefähre Uhrzeit ablesen.

6:00 Uhr	*Zaunwinde* und *Taglilie* öffnen sich.
7:00 Uhr	*Weiße Seerose* öffnet sich.
8:00 Uhr	*Kleines Habichtskraut* und *Gauchheil* öffnen sich.
9:00 Uhr	*Margerite* und *Pfingstnelke* öffnen sich.
10:00 Uhr	*Malve, Stockrose* und *Zaunwinde* öffnen sich.
11:00 Uhr	*Milchstern* und *Tigerblume* öffnen sich.
12:00 Uhr	*Passionsblume* öffnet sich. *Bocksbart* schließt sich.
13:00 Uhr	*Lungenkraut* und *Pfingstnelke* schließen sich.
14:00 Uhr	*Ringelblume* und *Gauchheil* schließen sich.
15:00 Uhr	*Ferkelkraut* schließt sich.
16:00 Uhr	*Wunderblume* und *Ackerwinde* schließen sich.
17:00 Uhr	*Weiße Seerose* schließt sich

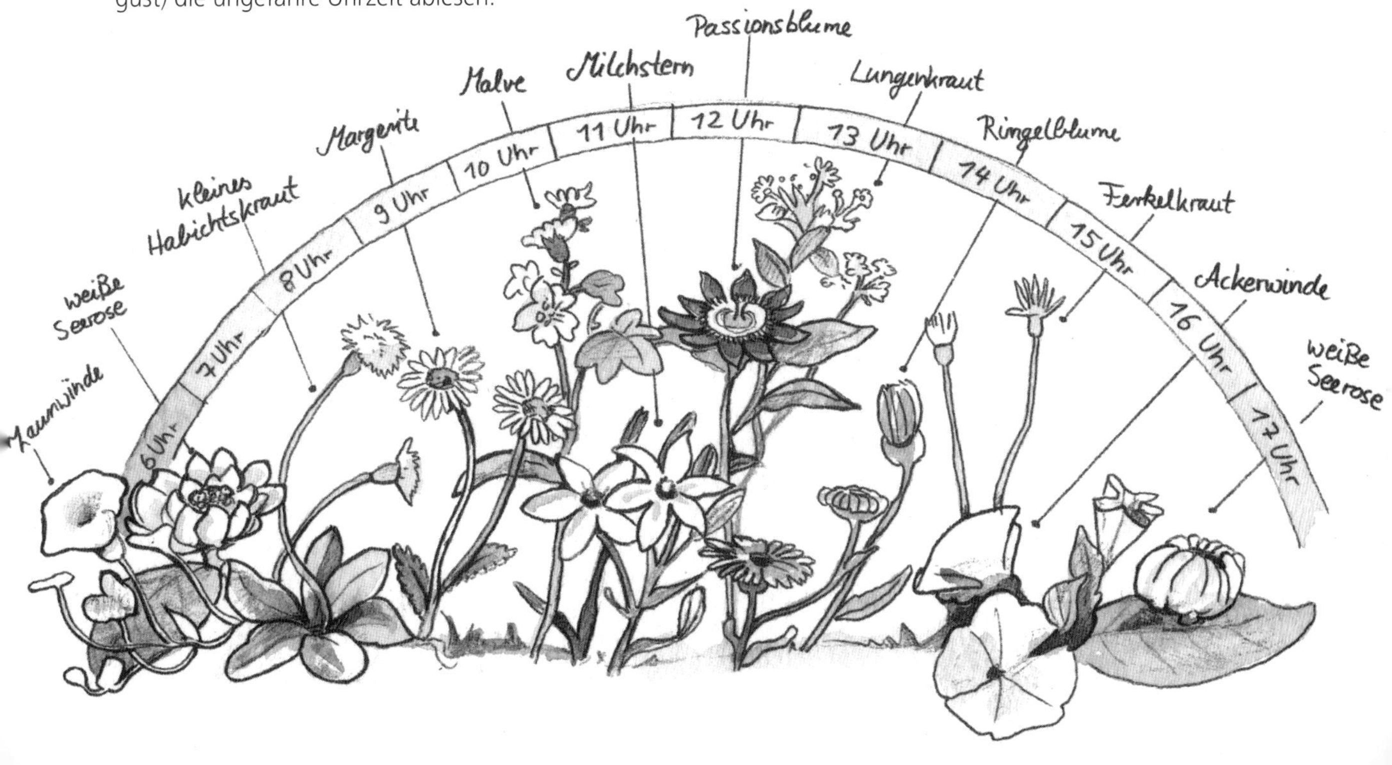

Schattenpflanzen und Richtungsweiser

Der Waldsauerklee ist eine typische Schattenpflanze, die unter dem dichten Laubdach von Bäumen wächst. Der Kompass-Lattich hingegen ist an Sommertagen an Wegrändern zu finden.

Alter: ab 7 Jahren
Material: Bestimmungsbuch, Kompass
Ort: drinnen

Bei dem nächsten Spaziergang halten die Kinder nach zwei Pflanzen Ausschau: dem Waldsauerklee und dem Kompass-Lattich. Beide Pflanzen reagieren sehr spezifisch auf Licht. Was lässt sich genau beobachten?
Der Waldsauerklee liebt den Schatten. Fallen Sonnenstrahlen durch das dichte Laubdach der Bäume jedoch zeitweise direkt auf ihn hinunter, klappt er augenblicklich seine Blättchen ein und lässt sie nach unten hängen.
Beim Kompass-Lattich machen die Kinder eine andere Entdeckung. Sie halten einen Kompass neben die Blätter des Kompass-Lattichs und sehen: Der Kompass-Lattich richtet seine Blätter so aus, dass die Blattspitzen immer in Nord-Süd-Richtung weisen!

Die Nachtkerze

Manche Pflanzen entfalten erst nach Einbruch der Dämmerung oder in den ersten Morgenstunden ihre Blüten. Von ihnen beziehen Nachtfalter und nachtaktive Insekten Pollen und Nektar. Zu diesen Pflanzen gehört die Nachtkerze. Ihre Reaktion auf den Tagesrhythmus von Licht und Dunkelheit können die Kinder bei diesem Versuch (z. B. während einer gemeinsamen Übernachtung in der Einrichtung) beobachten.

Alter: ab 7 Jahren
Material: Beobachtungsbogen, Uhr, Stift, farbige Wollreste, Nachtkerze (bei Neuansiedlung beachten: sie blüht erst im zweiten Jahr!)
Ort: Garten

Die Nachtkerze öffnet ihre Blüten erst gegen späten Nachmittag. Sie hat mehrere Blüten gleichzeitig offen, so dass es sinnvoll ist, die Blüten und Knospen jeweils mit einem farbigen Wollband zu markieren und Uhrzeit und Farbe zu notieren.

Versuchsablauf

Die Kinder beginnen mit den Beobachtungen kurz vor Sonnenuntergang. Nach einer Nachtruhe setzen sie diese ab einer Stunde vor Sonnenaufgang wieder fort. Dabei schreiben sie alle halbe Stunde ihre Beobachtungen auf.

- Welche Knospen sind bei Sonnenuntergang offen?
- Welche Knospen öffnen sich eine halbe Stunde, welche eine Stunde später?
- Welche Knospen sind eine Stunde vor Sonnenaufgang bereits auf?
- Welche Knospen sind bei Sonnenaufgang bereits auf?
- Welche Knospen schließen sich im Laufe des Tages um welche Uhrzeit?

Tipp

Die farbige Markierung hilft den Kindern, die Blüten zu benennen. So ist z. B. die rot markierte Blüte in der Abenddämmerung aufgegangen und schließt sich gegen 11:00 Uhr morgens.

Variante

Was passiert, wenn wir einen Nachtkerzenzweig mit dicken Knospen in einer Vase in einen dunklen Schrank stellen? Die Kinder kontrollieren stündlich, was mit den Knospen passiert.

Zeig mir deine Welt: als blinder Mensch unterwegs

Wie wichtig die Augen für unser Leben sind, können vermutlich nur diejenigen wirklich begreifen, denen das Augenlicht fehlt. Unsere Blindheit in der Dunkelheit der Nacht gibt uns lediglich eine Idee davon – denn Taschenlampe, Kerze oder auch die aufgehende Sonne sind nie wirklich fern. Doch was bedeutet es, wirklich blind zu sein? Hier ein kleiner Einblick in diese uns fremde Welt, die Kinder in kleinen Aktionen nacherleben können.
Große, mikroskopisch kleine, schnell bewegte und weit entfernte Objekte sind für Blinde und Sehbehinderte nicht „überschaubar". Deshalb sind sie vor allem auf taktile Wahrnehmung angewiesen. Bei größeren Gegenständen erfolgt die Wahrnehmung sukzessiv durch allmähliches Ertasten des gesamten Objektes. Die Wahrnehmung dauert länger, denn sie erfolgt über die Verarbeitung der punktuell erfassten Daten.

Im Gegensatz zur passiven Möglichkeit des Schauens setzt taktile Wahrnehmung immer aktive Zuwendung und handelnde Auseinandersetzung, also eine gewisse Anstrengung, voraus. Hierin liegt für Blinde und Sehbehinderte ein großes Problem: Die Anstrengung und zum Teil auch die Überwindung, etwas anzufassen, ohne es mit den Augen vorher erfasst und geprüft zu haben, führt dazu, dass Blinde nur sehr zögerlich ihre Umwelt per Hand ertasten. Außerdem: Bei Kälte und Nässe können Blinde nicht mit den Händen sehen. Kalte Gegenstände sind nur schwer fühlbar, meist auch eklig – steife Finger kennt jeder von uns.

Motorik

Beim Späterblindeten hat sich häufig die Motorik ganz normal im Zustand des Sehens entwickelt, die Gleichgewichtsregelung wurde vom Auge überwacht. Trotzdem wird die Bewegung nach der Erblindung verhaltener, langsamer, gleichförmiger. Der Körper ist insgesamt angespannt, da ständig mit unerwarteten Hindernissen zu rechnen ist. Eine Entspannung des Körpers auch im Ruhezustand fällt vielen Erblindeten schwer.

Von unseren Sinnen hat der Sehsinn die größte Reichweite und Aufnahmekapazität: Von den 1,7 Millionen Neuronen werden etwa zwei Drittel von den optischen Synapsen genutzt! Etwa 40% aller ins Gehirn eingehenden Impulse sind visueller Art. Die fehlende Wahrnehmung durch den Sehsinn führt dazu, dass ein Wahrnehmungsausgleich durch die Restsinne versucht wird: Gehör, Geschmack, Geruch, Tastsinn und Vibrationssinn werden geschärft! Allen diesen Sinnen ist jedoch gemeinsam: die längere Verarbeitungszeit, die geringere Reichweite, die benötigte höhere Konzentration und die schnellere Ermüdung. Dennoch kann das Blindsein mit den geschärften restlichen Sinnen auch positiv erlebt werden, wie das Gedicht „Blind sein" von Rainer M. Rilke zeigt:

Blind sein

von Rainer Maria Rilke (1875–1926)

Mein Fuß spricht mit den Steinen, die er betritt,
meine Stimme nimmt jeden Vogel mit
aus den täglichen Wänden.
Ich muss nichts mehr entbehren jetzt,
alle Farben sind übersetzt
in Geräusch und Geruch.
Und sie klingen unendlich schön
als Töne.

Was soll mir ein Buch?
In den Bäumen blättert der Wind;
und ich weiß, was dorten für Worte sind,
und wiederhole sie manchmal leis.
Und der Tod, der Augen wie Blumen bricht,
findet meine Augen nicht …

Blind den Tastsinn erkunden: Personenraten

In unseren Fingern befinden sich besonders viele Tastpunkte, so dass wir Gegenstände und Personen auch ohne Augen „sehen" können.

Alter: ab 5 Jahren
Material: Augenbinde

Die Kinder bilden einen Kreis. Einem Kind werden die Augen verbunden. Ein anderes Kind setzt sich in die Mitte des Kreises. Das „blinde" Kind versucht das Kind in der Mitte tastend zu erkennen. Natürlich ist dabei Feingefühl gefragt!

Variante

Fällt diese Aufgabe den Kindern leicht, wird das Kind im Kreis zu einer lebendigen Skulptur und stellt sich in eine beliebige Position (reckt die Arme hoch, steht auf einem Bein, sitzt auf dem Boden und umschlingt sich mit den Armen, etc.). Das „blinde" Kind ertastet die Skulptur und prägt sie sich ein. Im Anschluss stellt sich das Kind, das die Skulptur gebildet hat, wieder „normal" hin. Das „blinde" Kind nimmt die Augenbinde ab und versucht die Skulptur nachzubilden, indem es aus dem Skulptur-Kind wieder die Skulptur formt.

Blind führen durch den Alltag

Alter: ab 5 Jahren (mit Variante für ältere Kinder)
Material: Augenbinden

Die Kinder und Jugendlichen bilden Paare. Jeweils einem der Teilnehmer die Augen verbinden. Der andere übernimmt die Verantwortung für den „Blinden" und führt ihn durch den Raum oder Wald. Nach und nach kann die führende Person dabei die Schwierigkeit steigern: Sie führt den Blinden über einen Baumstamm hinweg oder unter einem Tisch hindurch. Im Anschluss berichten die Blinden von ihrer Wahrnehmung. Wo entstand Unsicherheit oder Kribbeln im Bauch? Wurde die Route als langsam oder schnell wahrgenommen? Wie schätzen dies die Sehenden ein?

Tipp

Bei dieser Aktion ist der sorgsame Umgang mit dem Blinden sehr wichtig! Dieser kann weder Gefahren erkennen, noch entsprechend reagieren und muss daher dem Sehenden vertrauen können. Es bietet sich an, mit den Teilnehmenden zuvor das Thema Vertrauen und Verantwortung anzusprechen. Was ist nötig, damit der eine dem anderen Vertrauen schenken kann? Worauf muss der Sehende achten, worauf der Blinde?

Variante

Die Paare betreten gemeinsam einen unbekannten Ort, z. B. einen Raum im Museum oder einen kleinen Einkaufsladen. Der Sehende beschreibt dem Blinden, was er sieht. Anschließend erkunden beide mit offenen Augen den Ort.

Variante für ältere Kinder

Die Partner führen sich gegenseitig über weitere Strecken quer durch die Stadt. Dabei erledigt der Blinde eine Aufgabe, z. B. Brötchen zu kaufen oder einen Brief einzuwerfen.

Besuch im Blindenheim

Alter: ab 5 Jahren
Ort: Blinden- oder Seniorenheim

Um mehr aus der Welt der Blinden zu erfahren, ist es für Kinder und Jugendlichen besonders eindrucksvoll, blinden Menschen einen Besuch abzustatten und mit ihnen ein Stück Alltag zu erleben. In vielen Orten gibt es Blindenheime, die sich meist über einen Kontakt freuen.
Aber auch im Altersheim leben häufig Blinde, die als Späterblindete in dem Fall zumeist sogar beide „Welten" kennen: die Welt der Sehenden und die der Blinden.

Wer könnte besser von dem Leben als Blinder berichten und alle die Kinder brennenden Fragen beantworten als ein Blinder selbst?

Kinderfragen

- Wie gießt du dir Kaffee ein?
- Wie lange geht ein Blindenhund in die Ausbildung?
- Was machst du in deiner Freizeit?
- Gibt es „Harry Potter" auch in Blindenschrift?

Tipp

Spannend ist ein gemeinsamer Ausflug, ob in die Stadt oder in den Park: An markanten Orten halten alle an und beschreiben sich gegenseitig, wie der Ort wahrgenommen wird. Sind die „markanten Punkte" für den Blinden und den Sehenden identisch? Wo liegen die Probleme des Blinden im Alltag?

Die Blindenschrift als Geheimschrift

Die Blindenschrift wurde von Louis Braille 1825 entwickelt. Er war damals 16 Jahre alt. Sie besteht aus maximal sechs Punkten. Buchstaben, Zahlen und Satzzeichen entsprechen einer Kombination dieser Punkte. Den Aufbau eines Blindenschriftzeichens kann man sich mit der Konstruktion eines Eierkartons für sechs Eier verdeutlichen. Der Eierkarton steht so, dass jeweils drei Eier untereinander und zwei Eier nebeneinander Platz haben. Jeder Eierkarton kann einen Buchstaben abbilden. Bei der Blindenschrift werden natürlich keine Eier in entsprechende Behälter verpackt, sondern Punkte an bestimmten Positionen in Papier geprägt. Das A wird z. B. mit einem Punkt links oben dargestellt, das B mit 2 Punkten untereinander.

Alter: ab 8 Jahren
Material: Vorlage Blindenschrift, Pappe, Schere, 1 6-Eier-Karton; evtl. kariertes Papier

Um schnell in der Blindenschrift schreiben zu können, fertigen sich die Kinder eine rechteckige Schablone aus Pappe an. Diese enthält sechs Löcher, die wie beim Eierkarton angeordnet sind. Das heißt, die Kinder unterteilen ihre rechteckige Pappe in zwei Spalten mit drei Zeilen. Jeweils in der Mitte der so entstehenden Felder schneiden sie mit einer Schere oder mit einem Skalpell ein Fenster. Die obere Kante der Schablone wird immer an eine Linie im Heft angelegt – so können die Buchstaben nicht verrutschen.
Wer kann am schnellsten eine geheime Botschaft in Blindenschrift verfassen und lesen?

Variante

Eine gute Möglichkeit ist es, auf kariertem Papier zu arbeiten: Hier sind die Kästchen bereits vorgegeben. Nach jedem Buchstaben ein Kästchen freilassen.

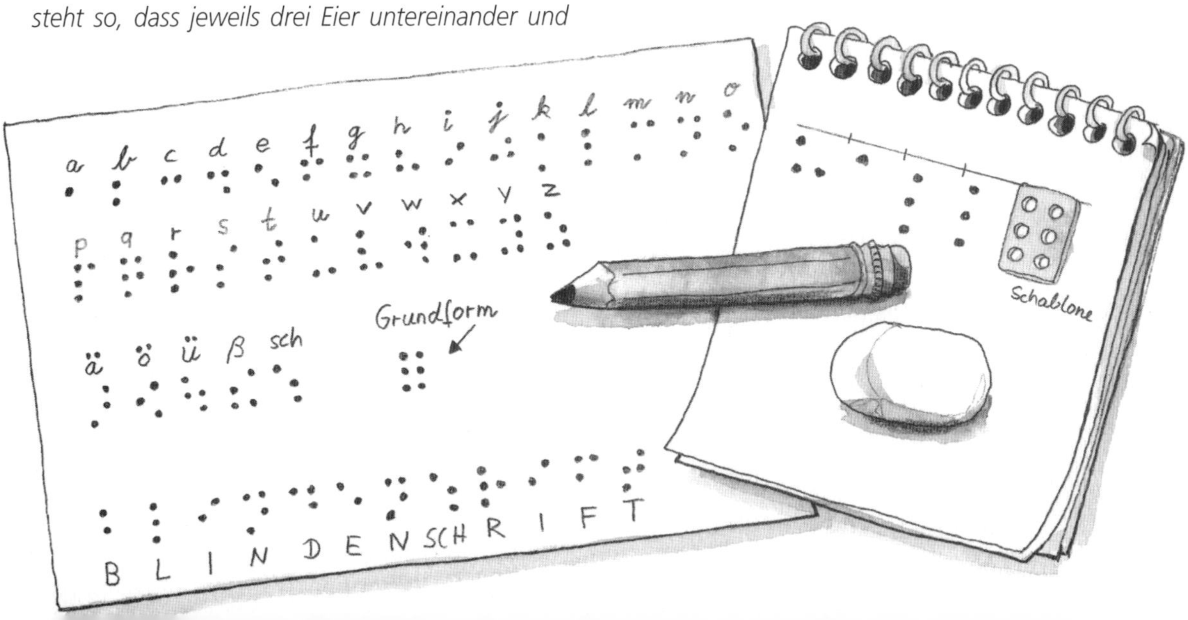

So schön gruselig ...

Vom Umgang mit der Angst: Die Angst hat viele Gesichter

„Das war so schön gruselig!" Wer kennt nicht das aufregend kribbelnde Gefühl im Bauch? Und dennoch weiß jeder Betreuer, der mit einer Kinder- oder Jugendgruppe im Dunkeln unterwegs ist, dass er sich auf einer Gratwanderung zwischen Faszination und Angst befindet. Wann schlägt „schön gruselig" in Angst um? Was ist Angst – und wie können Kinder lernen, damit umzugehen?
Reale Angst ist eine wichtige, körperliche Funktion. Die Herzschlagfrequenz wird erhöht, wir atmen schneller, alles zieht sich ein wenig zusammen. Die Angst warnt uns vor Gefahren, setzt in Notsituationen Adrenalin frei, so dass wir schnell entscheiden und reagieren können, und weist uns darauf hin, vorsichtig zu sein. Angst kann also sinnvoll sein und gehört zum Leben. Es gibt jedoch auch Angst, die aus negativen Fantasien entsteht und den tatsächlichen Gefahren nicht entspricht. Diese Angst erfüllt nicht mehr die ursprüngliche, lebenserhaltende Funktion, sondern hemmt.

Für Kinder ist es wichtig, langsam und Schritt für Schritt den Umgang mit Angst zu lernen. Das bedeutet, die eigenen Ängste ernst zu nehmen, sie bewusst wahrzunehmen (Körperwahrnehmung), sie zu hinterfragen (ist es eine Warnung oder entspringt die Angst meiner Fantasie?) und sich auf die Lösung zu konzentrieren. Das bedeutet einen aufrichtigen Umgang mit den eigenen Grenzen zu führen, „Nein" zu sagen, wenn etwas zu weit geht, oder Grenzen bewusst zu überwinden.

Wichtig ist hierbei ein behutsames Heranführen der Kinder an entsprechende Situationen. Nacht und Stille an sich können bereits Angst machen – es erfordert Mut, der ungewohnten Dunkelheit und Stille zu begegnen. Mit viel Fingerspitzengefühl muss die Betreuungsperson die Kinder auf den Pfad der Herausforderung – zwischen Unterforderung und Überforderung – führen. Schließlich soll es auf jeden Fall ein schönes Erlebnis werden und keine Ängste verstärken! „Erschrecken verboten!" ist daher ein Motto, das gerade bei ängstlichen Kindern ernst genommen werden muss.

Was hilft bei Ängsten? Bewusst zu atmen, die Angst in Worte zu fassen, an etwas Nettes zu denken, in einer Gruppe Halt zu finden, gemeinsam etwas zu singen, ein gute Assoziationen weckendes Wort laut zu rufen („Gummibärchen"), über unheimliche Fantasien zu lachen, ...

In diesem Kapitel steht das Spielen mit der eigenen Angst im Vordergrund. Die Kinder und Jugendlichen experimentieren dabei mit ihrer körperlichen Angst-Wahrnehmung und erzeugen ein gruseliges Kribbeln im Bauch. Wie fühlt sich die Angst an? Wie weit kann ich gehen, damit sie ein Kribbeln bleibt? Dadurch, dass die Kinder ihre Angst und das Gruseln selber inszenieren, fällt es ihnen leichter, Ängste zu überwinden. Schließlich sind ihnen die Schrecken, die auf sie warten, bereits vorher bekannt und im Hellen als ungefährlich dargestellt worden.

Eine Geisterbahn bauen

Alter: ab 5 Jahren
Material: Tische, Stühle, viele dunkle Decken und Tücher, Bettlaken, Seil, Düfte, Musikinstrumente oder Kassettenrekorder, Pappe, Taschenlampen, Farbe, Schminke, Requisiten, …
Dauer: mehrere Stunden
Ort: drinnen

Die Kinder schieben Tische und Stühle so zusammen, dass sie mit Decken und Bettlaken behangen einen zusammenhängenden Tunnel mit Höhlen bilden. Ist dieses Grundgerüst der Geisterbahn fertig, geht es an die Ausgestaltung. Gemeinsam überlegen die Kinder, was sie gruselig finden.

- Welches Geräusch ist gruselig?
- Was sieht unheimlich aus?
- Wann erschrecken wir?
- Gibt es auch einen gruseligen Geruch?
- Was fühlt sich unheimlich an?

Die Kinder machen vor, probieren aus und überlegen, wie sie diese Ideen umsetzen können. Hier ein paar Anregungen:

- Skelette und Gruselfratzen mit Leuchtfarbe auf ein schwarzes Tuch malen
- Skelette und Gruselfratzen in Form eines Schattenspiels in das Innere der Geisterbahn bringen
- „echte" Bettlaken-Gespenster und Skelett-Marionetten treten auf und kommen plötzlich aus den Ecken hervor
- ein plötzlicher kalter Luftzug löscht eine Kerze aus
- die Geisterbahn führt durch einen Tastraum, in dem die Kinder plötzlich in Eiswürfel greifen
- ein Gespenst steckt dem Besucher der Geisterbahn einen Eiswürfel in den Rücken
- einen Tunnel mit verschiedenen, duftenden Pflanzen behängen
- Tücher hängen von der Decke herab, so dass das Gefühl entsteht, jemand greift einem in die Haare
- ein geschminkter Dracula entsteigt einem „Sarg" aus Pappe
- Türen knarren und quietschen, Wölfe heulen, hohe Stimmen jaulen, Wind wird mit Schwirrhölzern nachgeahmt

Ältere Kinder können eine richtige Dramaturgie überlegen und umsetzen. Wann kommt der Luftzug? Wann setzt die Musik ein, springt das Gespenst hervor, geht das Licht aus? Eine genau inszenierte Geisterbahn verstärkt noch einmal den Gruseleffekt.

Ist die Geisterbahn fertig, werden die Kinder in ihre Statisten-Rolle eingewiesen. Das heißt, sie gehen erst einmal in die Gruselschule. Hier proben sie das gruselige Aussehen und verstärken es mit Taschenlampen, die sie unter das Gesicht halten. Auch verschiedene Rollen wie Hexen, Vampire, Monster, Gespenster und Geister werden ausprobiert, um die richtige Gruselrolle zu finden. Die Kinder üben, andere wirklich effektvoll zu erschrecken und nicht einfach nur laut zu sein. Sie experimentieren mit schaurigen Geräuschen, üben Kettenrasseln und Wolfsgeheul. Zugleich lernen sie die zwei wichtigsten Regeln für die Geisterbahn:

1. Die Geisterbahnbesucher dürfen nicht berührt werden.
2. Jüngere Kinder nur vorsichtig und sacht erschrecken.

Ist alles fertig, den Raum verdunkeln und alle Kinder mit Statistenrolle gehen in Position. Jedes Kind betritt einzeln die Geisterbahn. Auch Eltern sind gern gesehene Gäste – nichts ist schöner, als wenn diese sich gruseln, wo doch die Kinder „überhaupt keine Angst" gehabt haben!

Tipp
Kleine Kinder können zur Beruhigung eine Taschenlampe mitnehmen. Diese bleibt natürlich aus und wird nur angeschaltet, wenn die Angst dann doch einmal zuschlägt.

Die Geisterbahn im Wald

Im Dunkeln im Wald zu sein ist für die meisten Kinder und Jugendlichen schon an sich gruselig. Dies macht eine Geisterbahn im Wald umso spannender!

Alter: ab 7 Jahren
Material: Wasserfarben, Pinsel, Taschenlampen, Kerzen, Wolle, „Felle", Schnur, Seil, fluoreszierende Leuchtfarbe, Steine, Instrumente oder Klangelemente (z. B. hohle Stangen des japanischen Knöterichs), Lehm oder Ton, Wassereimer, Feuerlöscher, Feuerdecke
Dauer: mehrere Stunden
Ort: im Wald

Die Wegstrecke der Geisterbahn mit einem Seil an den Bäumen entlang spannen. Das Seil dient im Dunkeln als Fühlpfad, an dem sich niemand verlaufen kann. Je älter die Teilnehmenden, desto schwieriger darf die Strecke an sich sein. Beim Aufbau ist dennoch darauf zu achten, dass Gefahrenstellen (Stolperwurzeln und Äste, Steine, Äste in Augenhöhe, Abhänge, ...) umgangen oder entfernt werden. Ein Teil der Strecke kann auch mit Leuchtsteinen ausgelegt werden (s. unten).
Die Kinder beginnen mit der Ausgestaltung:

Tast-Grusel

Am Seil des Pfades selbst erschreckende Überraschungen aufhängen: ein Fell, ein quietschender Teddy, etwas Glibberiges, etc.

Bodenbeschaffenheit

Der Untergrund entlang des Pfades wechselt ständig und völlig überraschend – mal tiefes Laub, mal nackte Erde oder knackende Stöcke, ...

Baumgeister und Schlangen

Mit Pinsel und Farbe gehen die Kinder und Jugendlichen auf die Suche nach Baumgeistern und Wurzelschlangen am Rand der Strecke. Baumhöhlen und Astlöcher werden zu aufgerissenen Mündern und Augen, abgebrochene Äste und Verwachsungen zu Nasen, Wurzeln zu Schlangen. Mit Taschenlampen oder Teelichtern in Marmeladengläsern die Figuren ausleuchten.

Spinnennetze

Mit feinen Wollfäden Spinnennetze flechten und locker aufhängen, so dass sie einem beim Begehen der Strecke ins Gesicht streifen.

Klangbäume

In die Äste von niedrig baumelnden Zweigen Klangelemente hängen, z. B. hohle Stangen des japanischen Knöterichs, die bei Bewegung aneinander schlagen. Diese Äste mit einer Schnur so an dem Hauptseil (Pfad) befestigt, dass sie in Bewegung gesetzt werden, sobald jemand beim Entlanggehen an der Schnur zieht.

Leuchtsteine

Kleine Steine mit fluoreszierender Leuchtfarbe bemalen und lange anstrahlen, so dass sie möglichst viel Energie aufnehmen. Mit ihnen eine Strecke des Weges im Anschluss an das Seil markieren. Hier gilt es ganz ohne Seil Schritt für Schritt durch den nächtlichen Wald zu stapfen.
Wichtig: Immer von einem Stein direkt zum nächsten gehen, nie den Weg verlassen!

Gruselkonzert

Hinter Gebüsch versteckt wartet ein Geisterchor, der schaurige Gesänge anstimmt. Auch ein getarnter Kassettenrekorder leistet gute Dienste!

Ungeheuer aus Lehm

Aus Lehm und Ton gestaltete Ungeheuer mit Feueraugen aus Teelichtern oder durch Fackeln stimmungsvoll beleuchtet stehen begleitend am Pfad.

Ein besonderer Abschluss

Am Ende der Geisterbahn treffen sich alle an einem Ort in der Dunkelheit, den sie über ihr Gehör finden

(z. B. Klang eines Glöckchens). Hier warten sie lautlos, um auch den anderen den Grusel zu ermöglichen. Sind alle da, erzählt die Gruppenleitung eine unheimliche Geschichte, rezitiert ein Gedicht oder lässt vom Kassettenrekorder schaurige Musik erklingen (z. B. für Ältere die „Regenballade" von Achim Reichel). So eingestimmt gehen die Kinder Hand in Hand den Weg zurück, aus dem Wald hinaus. Ein gemeinsam gesungenes Lied hilft auch durch die dunkelsten Ecken hindurch.

Tipp

Auch jüngere Kinder können gut eine Geisterbahn draußen inszenieren. Für sie ist es jedoch wichtig, auf vertrautem Gelände und in der Nähe von elektrischem Licht zu agieren. Daher bietet sich hier direkt das Gelände des Kindergartens an, z. B. in Form einer Verlängerung der Geisterbahn drinnen.

Im Dunkeln ist gut Munkeln

Alter: ab 6 Jahren
Dauer: 20 Minuten
Ort: abgedunkelter Raum; evtl. auch im Hellen

Zwei Kinder melden sich als Freiwillige. Eines spielt den Detektiv, ein anderes den Mörder. Der Detektiv wartet vor der Tür.
Alle übrigen Kinder gehen in dem abgedunkelten Raum hin und her, unter ihnen der Mörder.
Tippt der Mörder einem mitspielenden Kind auf die Schulter, schreit dieses laut auf und stürzt wie tot zu Boden. Alle anderen verharren wie Statuen.
Der Detektiv kommt herein, schaltet das Licht an und versucht durch geschickte Fragen und die Position der Kinder im Raum den Täter zu finden.

Variante im Hellen

Der Mörder treibt mit Blinzeln sein Unwesen. Ist ein Kind von seinem Blinzeln getroffen, fällt es schreiend um. Wer einen Verdacht hat, aber noch nicht „tot" ist, kann diesen äußern. Bestätigt sich der Verdacht, ist das Spiel zu Ende, stimmt er nicht, gilt die Person ebenfalls als tot und scheidet aus.

Mörder unter uns!

Dieses Spiel eignet sich besonders, wenn die Kinder und Jugendlichen mehrere Tage beisammen sind. Es führt zu einer spannenden Gruppendynamik, denn niemand sollte alleine unterwegs sein …

Alter: ab 10 Jahren
Material: pro Kind 1 Los, Papier und Stift
Dauer: mehrere Tage
Ort: überall
Vorbereitung: Aus Papier Lose schneiden, sie falten und eines mit einem schwarzen Fleck markieren. Liste zum Eintragen der Toten vorbereiten.

Zu Beginn des Spiels erhält jeder Mitspieler ein Los, das er ungesehen von den anderen öffnet. Fast alle Lose sind leer – nur auf einem befindet sich der „Schwarze Fleck". Derjenige, welcher den „Schwarzen Fleck" gezogen hat, ist der Mörder.
Die Aufgabe des Mörders besteht darin, möglichst viele aus der Gruppe „umzubringen". Die Gruppe muss hingegen versuchen, den Mörder herauszufinden und zu überführen.

Spielregeln

- Der Mörder kann die Mitspieler töten, indem er ihnen den „Schwarzen Fleck" vor die Augen hält.
- Dies geht jedoch nur, wenn der/die Betroffene alleine oder in Begleitung einer bereits ermordeten Person unterwegs ist.
- Wer tot ist, behält darüber Stillschweigen. Erst am Ende des Tages (z. B. beim Abendbrot) tragen sich die Toten in eine Liste ein, die öffentlich ausgehängt wird. So kann es einem passieren, dass man mit einer Leiche unterwegs ist …
- Wer tot ist, darf keinen Hinweis auf den Täter geben.
- Die Überlebenden schließen sich zusammen, um einen Verdacht auszusprechen. Ist ihr Verdacht falsch, hat der Mörder gewonnen.

Nacht der Vampire

Vampire lieben die Nacht und meiden die Sonne, da sie im Sonnenschein zu Staub zerfallen würden.

Alter: ab 4 Jahren
Material: 1 großes Tuch oder Schwungtuch
Ort: drinnen oder draußen

Alle Kinder werden zu kleinen Vampiren, die die Sonne fürchten. Die Spielleitung erzählt eine frei erfundene Geschichte. Immer, wenn das Wort „Sonne" vorkommt, verschwinden die kleinen Vampire so schnell wie möglich unter dem Tuch. Die letzten zerfallen zu Staub und scheiden aus.

Geistertanz

Alter: ab 4 Jahren
Material: Musik (z. B. Titelmusik aus „Das kleine Gespenst" oder „Du mein Fledermäuschen" aus der Sesamstraße)
Ort: drinnen oder draußen

Alle Kinder tanzen wie Spukgestalten frei im Raum, dem Gespensterschloss, herum. Sobald ein Fremder von außen das Schloss betritt, erstirbt die Musik – alle Gestalten versteinern.

Variante

Bei Musikstopp zeigt die Spielleitung wie „Graf Zahl" (manchen bekannt aus der Sesamstraße) mit den Fingern eine Zahl. Die Gespenster finden sich in entsprechend großen Gruppen zusammen.

Gruselgeschichten erfinden

Alter: ab 4 Jahren
Material: Erzählbilder (z. B. Postkarten oder Ausschnitte aus Zeitschriften: verfallenes Haus, staubiger Keller, Dracula, alter Herr, Taschenlampe, Schlüssel, …), evtl. Kissen, Decken, Kerzen, Taschenlampen
Ort: drinnen oder draußen

Die Kinder setzen sich in einen Kreis und wählen aus den Erzählbildern diejenigen aus, die die Hauptrolle in der Geschichte spielen sollen.

- Wo spielt die Geschichte?
- Wer ist die Hauptfigur?
- Was hat derjenige dabei?
- Was findet er unterwegs?

Die Spielleitung beginnt mit dem Einstieg in die Geschichte:
„So spät waren Julian und Jana noch nie nach Hause gelaufen. Es war schon dunkel, die Straßen waren menschenleer. Um noch vor dem Abendessen nach Hause zu kommen, beschlossen sie, eine Abkürzung zu nehmen. Sie kamen gut voran, gerieten aber schließlich in eine Straße, in der sie noch nie gewesen waren. Die Straßenlampen erhellten nur notdürftig den Weg und den angrenzenden, wild verwachsenen Garten. Hinter wuchernden Brennnesseln und Flieder entdeckten sie ein halb verfallenes Haus …"
Reihum erzählen die Kinder weiter. Was passiert? Die Erzählbilder dienen dabei als Anregung. Kommt die Geschichte ins Stocken, werden weitere Bilder in die Erzählung eingeflochten.

Tipp

Machen Sie es sich gemütlich und kuscheln Sie im Dunkeln zusammen. Nur der Schein von Kerzen oder Taschenlampen erhellt die Bilder.
Je mehr Bilder, desto fantasiereicher werden die Geschichten. Stellen Sie daher eine ganze Auswahl zusammen. Weitere Themen können z. B. sein:

- Orte: alte Schlossruine im Wald bei Mondschein, alter Dachspeicher, Keller, Brunnenschacht, Schule im Mondschein
- Personen: Opa, Junge oder Mädchen, Gangster, Dame
- Gegenstände: Totenschädel, Besen, Vorhang, Kronleuchter, Buch, Geld

Für eine Gruselfete basteln

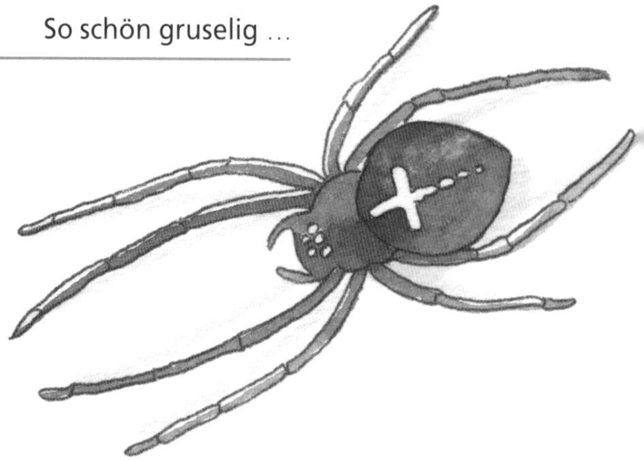

Halloween – die Tage werden kürzer, es ist früh dunkel: genau die richtige Zeit, um ein Gruselfest zu feiern! Hierfür zuerst den Raum umdekorieren. Denn wenn Hexen, Gespenster, Fledermäuse und Vampire erscheinen, wollen sie sich auch wohl fühlen! Ob am Lagerfeuer draußen oder in der Einrichtung drinnen – Spinnweben, große Spinnen und Besenlandeplätze müssen her! Schwarze Stoffbahnen und ausgehöhlte Kürbisse mit Gruselgesichtern verstärken die besondere Stimmung.

Bastelanleitung: Spinne

Damit die gebastelte Spinne möglichst echt aussieht, gehen die Kinder zuerst auf die Suche nach einer Spinne und schauen sich diese genau an.

Alter: ab 5 Jahren
Material: Becherlupe, Ton oder Knetmasse, Stöckchen, schwarze Pfeifenreiniger, Farben und Pinsel
Ort: drinnen

Aussehen der Spinne
Die Kinder tragen ihr Wissen über das Aussehen einer Spinne zusammen: Wie viele Beine hat eine Spinne? Aus wie vielen „Teilen" besteht der Körper? Wo genau sitzen die Beine? Lässt sich die Spinndrüse erkennen?

Der Körper der Spinne besteht aus zwei „Kugeln", wovon die hintere meist deutlich größer ist. An der vorderen, kleineren Kugel (dem Prosoma) sitzen vorne die Kauwerkzeuge und seitlich die acht Beine. Die hintere Kugel (das Ophistosoma) bildet den Hauptteil des Körpers. In ihr befinden sich u. a. der Verdauungsapparat und die Atmungsorgane – und natürlich die Spinndrüse, die von der Bauchseite sichtbar ist.

Basteln der Spinne
Aus Ton die zwei Haupt-Körperteile formen: das Prosoma und das Ophistosoma, wobei das Ophistosoma deutlich größer ist.
Beide Körperteile mit einem Stöckchen verbinden.
Aus Pfeifenreinigern acht Beine biegen und diese in das vordere Körperteil stecken.
Den Körper schwarz oder dunkelbraun anmalen – und nicht das weiße Kreuz auf dem Rücken vergessen!

Bastelanleitung: Spinnweben

Im September/Oktober lassen sich im Garten die unterschiedlichsten Spinnennetze finden. Das bekannteste ist das Netz der Radnetzspinne, das die Kinder gut nachbauen können.

Alter: ab 5 Jahren
Material: Astgabel, Wollfäden
Ort: drinnen

Wie sieht ein Spinnennetz genau aus? Wie baut die Spinne ihr Netz?
Die Kinder nehmen eine große Astgabel. In der Natur fängt die Spinne an, die Speichen, die sich an einem Mittelpunkt treffen, zu binden. Dieses ahmen die Kinder nach, indem sie die Speichen quer über die Astgabel spannen und verknoten. Im Anschluss weben sie den Spiralfaden von innen nach außen in das Netz.

Übrigens: Die Spiralfäden, die von der Spinne als Klebefäden produziert werden, kleben nur ein bis zwei Tage. Sie werden aus diesem Grund von der Spinne regelmäßig wieder aufgegessen und neu gesponnen. Die Chance, eine Spinne bei der Netzpflege zu beobachten, ist daher im Herbst sehr hoch. Und es lohnt sich!

Bastelanleitung: Gespensterketten

Alter: ab 5 Jahren
Material: weißes und schwarzes Papier, Scheren
Ort: drinnen

Aus weißem Papier basteln die Kinder Gespensterketten. Das Blatt wie ein Leporello (zickzack) falten. Auf das erste kleine, geknickte Blatt ein halbes Gespenst zeichnen, dessen Hände bis zum Rand reichen. Ausschneiden und auseinanderfalten – und fertig ist eine Gespenster-Ziehharmonika!

Kostüme anfertigen

Gespenster, Graf Dracula, Fledermäuse, Hexen, Zauberer, Teufel – zur Gruselfete sind die unheimlichsten Gestalten eingeladen! Natürlich können auch Piraten, Räuber und andere kommen.

Gespenst – das einfachste Kostüm

Alter: ab 5 Jahren
Material: Bettlaken, Ketten, evtl. Schminke

Ein altes weißes Bettlaken, das als Gewand getragen wird, ist das Gespensterkostüm. Soll es komplett über den Kopf gezogen werden, vorher Löcher für die Augen hineinschneiden und mit rasselnden Ketten ausstaffieren.

Variante

Praktischer ist es, ein großes Loch in die Mitte des Lakens zu schneiden und den Kopf frei herausschauen zu lassen. Kopf weiß schminken. So kann das Gespenst z. B. auch essen, ohne das Kostüm ausziehen zu müssen.

Fledermaus-Kostüm

Die Fledermäuse ziehen sich möglichst dunkel an.

Alter: ab 5 Jahren
Material: Nähzeug, schwarzer Stoff, dunkle Pullover, Schere, Schminke, brauner Tonkarton, Stirnreif

Für die Fledermausflügel aus schwarzem Stoff einen Kreis mit dem Durchmesser zweier Armlängen (der jeweiligen Fledermaus) schneiden.
Den Kreis vierteln. Jedes Viertel ergibt einen Flügel – mit einem Kreis mit vier Vierteln lassen sich also zwei Fledermäuse ausstaffieren.

Die künftigen Fledermäuse breiten ihre (möglichst dunklen) Pullover T-förmig auf dem Boden aus. Die Stoff-Viertel ebenfalls auf den Boden legen und so an den Pullover anfügen, dass der rechte Winkel zur Achselhöhle des Pullovers zeigt. Die geraden Ränder des Stoffstückes verlaufen an der Unterseite des Armes sowie an der Seite des Pullis. Sie werden mit Nadel und Faden an den Pulli geheftet. Mit der Schere nun den äußeren Flügelrand etwas ausfransen – doch Vorsicht: Nicht in den Pulli schneiden!
Aus braunem Tonkarton zwei Ohren schneiden und mit einem Stirnreif auf dem Kopf befestigen.
Das Gesicht braun, die Nase schwarz schminken – fertig ist die kleine Fledermaus!

Tipp

Mit kleinen Stöcken können die Adern auf dem Fledermausflügel nachgebildet werden. Hierzu dünne, gerade Zweige auf den Flügel heften. So sehen die Flügel noch echter aus und sind in gestreckter Form steif. Diese Flügel eignen sich v. a. für ältere Kinder; jüngere Kinder fühlen sich in ihrer Beweglichkeit zu stark eingeschränkt.

Vampire: Graf Dracula und seine Familie

Alter: ab 5 Jahren
Material: Schminke, schwarzer Umhang, Dracula-gebiss

Graf Dracula sieht einfach schrecklich aus! Toten-blasses Gesicht, Blut tropft aus dem Mund – hier spielt das Schminken die größte Rolle. Dazu noch ein schwarzer Umhang und Spielzeugzähne aus Plastik.

Für Schlaufüchse: Saugen Fledermäuse Blut?
Die in Europa vorkommenden Fledermäuse sind Insektenfresser. Bevorzugt ernähren sie sich von Nachtfaltern und Stechmücken. Weltweit stehen aber auch Früchte und Nektar auf dem Speiseplan der Fledermäuse. Blut wird nur von der in Südamerika beheimateten Vampirfledermaus aufgenommen – daher auch ihr schauriger Name.

Für Schlaufüchse: Gibt es Hexen wirklich?
Im Volksglauben waren Hexen früher mit „Zauberkräften" ausgestattete Frauen, d. h. sie waren in der Lage, Krankheiten zu heilen, bei Entbindungen zu helfen oder sie kannten Mittel zur Verhütung. Für die meisten Menschen aus dem Volk, die sich mit Heilpflanzen nicht auskannten, wirkten diese Heilerfolge wie Zauberei. Zur Zeit des so genannten Hexenwahns wurde der Begriff „Hexe" mehr und mehr als Bezeichnung auf Frauen (und Männer) angewandt, die sich in irgendeiner Weise vom christlichen Glauben entfernt haben sollten, wodurch ihre Verfolgung legitimiert wurden. In jüngster Zeit wird der Begriff Hexe häufig in positiver Weise neu verstanden und mit einer Tradition bestimmter weiser Frauen und Männer verknüpft.

Hexen-Kostüm

Alter: ab 5 Jahren
Material: verschiedenste Röcke, Tücher, Bürste, Schminke, Besen

Jeder kennt Hexen und hat eine ungefähre Vorstellung von ihrem Aussehen. Statt sieben Röcken genügt auch schon einer. Tücher als Stola gelegt vervollständigen die Verkleidung. Die Haare am besten mit einer Bürste leicht toupieren, so dass sie richtig wild aussehen. Je nach Wunsch mehr oder weniger schminken. Den Besen am besten gleich am Eingang parken, damit er nicht ständig im Wege ist.

Speisen und Getränke zum Gruseln

Wie sieht gruseliges Essen aus? Blutrot und giftgrün! Götterspeise ist so richtiges Hexenessen. Viele andere Speisen, z. B. Spaghetti, lassen sich mit ungiftiger Lebensmittelfarbe scheußlich verwandeln. Natürlich dürfen weiße Mäuse und „Würmer" auf dem Esstisch nicht fehlen!

Der Hexentrunk

Ein Höhepunkt des Abends ist die Zubereitung des Hexentrunks am offenen Feuer oder dem Herd.

Material: Früchtetee, Kirsch-, Apfelsaft, Apfel, Zimt

Der Hexentrunk besteht aus siebenerlei Zutaten:
- Tee aus Waldfrüchten vom Blocksberg (zur Not geht auch normaler Früchtetee)
- Apfelsaft (dessen Äpfel um Mitternacht gepflückt worden sind)
- Knochen und Knöchelchen (aus Äpfeln schnitzen)
- Spinnenbeine (Apfelschale in feine Streifen schneiden)
- Blut (roter Kirschsaft)
- eine Prise Zimt
- eine Handvoll geheimnisvoller Zaubersprüche

Bei der Zugabe jeder Zutat dreimal linksherum rühren. Am Schluss krähen wie ein Hahn. Warm trinken.

„Fliegen" in Eiswürfeln

Material: Rosinen, Eiswürfelbehälter, Waldmeisterbrause

Für die Kaltgetränke fertigen die Kinder Eiswürfel an, in die sie „Fliegen" aus Rosinen mit einfrieren. Diese eiskalt in grüner Waldmeisterbrause servieren …

Kürbis-Laternen und Kürbis-Leckereien

Material: 1 großer Kürbis (keine Zierkürbisse, sie sind giftig!), 1 Kerze, Äpfel, Kartoffeln, Sonnenblumen- und Kürbiskerne, Öl, Backblech, Ofen, Löffel, Küchenmesser

Den Kürbis oben aufschneiden, so dass der „Deckel" abgehoben werden kann. Den unteren Teil mit dem Löffel und kleinen Küchenmessern aushöhlen. Dabei möglichst große Stücke herausschneiden und in einer Küchenschüssel sammeln. Die Kerne zur Aussaat im nächsten Frühjahr beiseite legen.

Ist der Kürbis ausgehöhlt, von außen eine Gruselfratze hineinschneiden. Eine Kerze hineinstellen – fertig ist die Kürbis-Laterne.

Die Kürbisstücke für eine Leckerei aus der Hexenküche direkt weiterverwenden:
- Kürbis, Kartoffeln, Äpfel und Zwiebeln schälen und in ca. 3 x 3 x 3 cm große Stücke schneiden.
- Ein Backblech fetten und die Stücke darauf verteilen.
- Mit Öl bestreichen.
- Darüber Kürbiskerne streuen.
- Im Backofen bei 190° C backen, bis die Stücke am Rand goldbraun werden.

Licht und Schatten

Was jüngere Kinder mit dem Phänomen „Licht und Schatten" verbinden, ist für Erwachsene zum Teil amüsant und auch überraschend. Gerade kleine Kinder verknüpfen „Schatten" nicht direkt mit der Abwesenheit von Licht, sondern nehmen ihn als Gegenstand war, den man anfassen, womöglich sogar jagen und fangen kann. Manche halten den Schatten für "... so etwas wie Rauch, der aus einem Gegenstand strömt ...".

Um den Kindern eine Vorstellung von der Entstehung von Schatten und von seinem Zusammenhang mit Lichtquellen zu geben, bieten sich ein paar einfache Experimente an (➜ S. 73, „Mondphasen").

Experimente mit Licht und Schatten

Schatten aufstöbern

Alter: ab 5 Jahren
Ort: draußen

Die Kinder gehen in den strahlenden Sonnenschein oder nachts zu einer hellen Lampe nach draußen und sehen sich genau um. Wer und was wirft Schatten? Wenn wir uns genau in den Schatten legen, können wir dann die Sonne sehen? Nein!

Die Kinder lernen, dass Schatten dort ist, wo die Lichtquelle (Sonne) nicht hin scheint.

Schattenspringen

Auch wir selber werfen Schatten – und diese bewegen sich mit uns mit. Versucht jemand auf meinen Schatten zu treten, muss ich reagieren und wegspringen. Das klingt banal, ist es aber nicht. Denn dafür muss mir klar sein, dass ich mich vor der Lichtquelle bewegen muss, um den Ort, auf den mein Schatten fällt, zu wechseln. Ein schönes Reaktionsspiel hierfür ist das Schattenspringen.

Alter: ab 5 Jahren
Ort: draußen

Die Gruppe wählt einen Fänger. Dieser versucht, ein anderes Kind „abzuschlagen", indem er auf dessen Schatten springt. Hat der Fänger den Schatten getroffen, wird das gefangene Kind zum Fänger.

Den Schatten wandern lassen

Alter: ab 5 Jahren
Material: Tischleuchte, kleine Spielfigur
Ort: drinnen

Die Kinder stellen die Tischleuchte auf den Tisch und bewegen unter ihrem Lichtkegel die kleine Spielfigur. Dabei beobachten sie den Schatten: wann ist er lang, wann kurz? Wann ist er vorne, wann hinten?

Als zweiten Schritt stellen die Kinder die Figur auf einen Punkt und lassen die Lampe im Halbkreis über die Figur wandern. Was geschieht mit dem Schatten?

Alle überlegen gemeinsam: Welche Ähnlichkeiten finden sich in der Natur?

Die Größe des Schattens verändern

Alter: ab 5 Jahren
Material: Lichtquelle (Lampe, Kerze), Wand, Tisch, 2 kleine Spielfiguren (möglichst gleich groß)
Ort: drinnen

Die Kinder projizieren mit einer Lampe den Schatten einer kleinen Spielfigur an die Wand. Wenn die Figur näher an der Lampe ist, wird der Schatten dann kleiner oder größer? Wie kann aus der Figur ein mächtiger Riese werden?
Wenn sie den Schatten von zwei kleinen Spielfiguren an die Wand projizieren – wo muss die eine Figur stehen, um größer zu wirken als die andere?

Mit zwei Lichtquellen spielen

Alter: ab 5 Jahren
Material: 2 Lampen oder Kerzen, Wand, Gegenstände
Ort: drinnen

Ein Gegenstand wird von zwei Lichtquellen seitlich beleuchtet (s. Abb.). Wie sieht der Schatten aus?
Es bilden sich zwei Schatten, die sich teilweise überlappen. Dadurch sind ein dunkler Kernschatten und am Rand ein Halbschatten zu sehen!

Für Schlaufüchse: Was ist eigentlich Licht?
Physikalisch gesehen ist Licht nur ein Teil einer großen Menge von Energie, die in Form von elektromagnetischen Wellen auf unsere Erde gelangt. Genau genommen ist Licht der Teil der elektromagnetischen Wellen, der vom menschlichen Auge wahrgenommen wird. Diese „sichtbaren" Wellen liegen im Bereich von 380–780 Nanometer Wellenlänge. Mit Wellenlänge wird der Abstand zwischen zwei Wellenbergen oder -tälern bezeichnet, wie wir es uns an einer Wasserwelle vorstellen können. Zu den unsichtbaren elektromagnetischen Wellen gehören die Infrarot-, Ultraviolett- und Röntgenstrahlen.

Schattentheater: Wenn Schatten lebendig werden

Schattenspiel ist eine ganz besondere Form des Theaters. Faszinierend durch das Zusammenspiel von Licht und Schatten und zugleich Fantasie anregend – man sieht nicht alles, das Bild ist auf dunkle Umrissformen reduziert. Dadurch wird die Fantasie beflügelt und die Vorstellungskraft permanent gefordert. Was könnte dieser Schatten sein? Was passiert dort vor unseren Augen? Die Zuschauer versuchen beständig, die Bildersprache zu entschlüsseln und bekommen schließlich heraus, was gemeint ist. Ein Erkenntnisprozess, der von den Zuschauern als befriedigend erlebt wird.

Auch für die „Schauspieler" bietet das Schattenspiel viele reizvolle Facetten. Die Schwellenangst vor Zuschauern in Rollen zu schlüpfen ist gering – man wird ja nicht direkt gesehen. Jeder kann es wagen und vieles ausprobieren – das stärkt das Selbstbewusstsein und lässt eigene Grenzen erleben. Der Beifall bei der Aufführung, der allen gemeinsam gilt, stärkt zudem die ganze Gruppe. Jeder kann sich mit seinen Fähigkeiten in einer der vielen Aufgaben einbringen und hat zu dem Gesamtergebnis beigetragen: ob als Spieler, Regisseur, Beleuchter oder Bühnenbildner – jede Rolle ist wichtig für das Team!

Und immer wieder sind Spieler und Zuschauer gleichermaßen fasziniert, was sich mit wenigen Mittel bewerkstelligen lässt. Für die einfachste Form des Schattenspiels reichen eine Lichtquelle und eine Leinwand. Mit Overheadprojektor und bunten Folien lassen sich richtige Wunder vollbringen!

Menschenschattenspiel

Alter: ab 5 Jahren
Material: Tischlampe, Seil, weiße Laken (insg. ca. 2 × 5 m), Wäscheklammern; evtl. Holzrahmen mit Holzständern, Requisitenkiste
Ort: abgedunkelter Raum

Die Bühne zu bauen ist recht einfach. Auf einem kleinen Tisch die Lichtquelle positionieren, die mit genügendem Abstand auf den Spielschirm leuchtet. Der Spielschirm ist ein senkrecht gespanntes Leinentuch. In kleinen Räumen kann es natürlich auch kleiner ausfallen.
Der Abstand zwischen Lichtquelle und Spielschirm sollte so groß sein, dass die Darsteller genügend Raum zum Spielen haben.
Sobald der Raum abgedunkelt wird, ist das Theater bereit.

Erste Experimente

Wichtig ist es, die Proben altersgerecht an die Gruppe anzupassen, um die Konzentrationsfähigkeit der Spieler nicht zu überziehen. Zunächst einmal sollten alle mit dem Medium Schattentheater experimentieren. Ein paar spielen, die anderen beobachten. Was ist zu sehen? Worauf ist zu achten? Was kommt wie an? Hierbei fällt bereits auf, dass die Spieler möglichst im Profil zu sehen sein sollten!

Rundlauf

Zu Beginn bietet es sich an, Rundlauf zu spielen. Dabei geht es immer im Kreis um die Leinwand herum. Während die einen hinter dem Spielschirm sind, können die anderen deren Schatten beobachten und sich inspirieren lassen. Dabei gibt die Spielleitung einfache Aufgaben vor: hüpfen, schleichen, tanzen. Oder, die Spieler werden zu wilden Tieren, zu Räubern, Oma und Opa, …

Erste kleine Szenen
Bald spielen die Kinder bereits kleine Szenen: Berufe oder Sprichwörter raten, freudige Begrüßung und trauriger Abschied am Bahnhof, Einkauf beim Bäcker, …

Profil und Requisite
Die Silhouette ist das Einzige, was sich beim Schattenspiel gut erkennen lässt. Daher müssen die Spieler lernen, möglichst häufig im Profil aufzutreten. Durch Kostüme, z. B. Hexenhut und Zaubererumhang, lässt sich die Silhouette noch verstärken. Auch regen die Verkleidungen die Fantasie der Kinder weiter an, so dass bald frei an Stücken experimentiert werden kann und erste Ideen für das eigene Theaterstück entstehen.
Hier hilft eine gut gefüllte Requisitenkiste mit Verkleidungen aller Art.

Proben des Theaterstückes
Auch das Proben des eigentlichen Theaterstückes erfolgt in kleinen Handlungsschritten. Erst gegen Ende des Projektes wird das Stück im Ganzen geprobt, um die Zusammenhänge der Szenen den Spielenden zu verdeutlichen. Jeder Szenenwechsel kann durch kurzes Abdunkeln oder einen Farbwechsel noch verstärkt und deutlicher herausgehoben werden.

Lampenfieber
Bei der eigentlichen Aufführung ist natürlich trotz allem mit Lampenfieber zu rechnen, das gehört dazu! Hauptsache, es wird auch bei Pannen einfach weitergespielt. Die Zuschauer nehmen dieses meist gar nicht wahr – oder finden das Stück durch die Pannen umso liebenswerter.

Handschattenspiel

Alter: ab 5 Jahren
Material: Lichtquelle, Wand
Ort: dunkler Raum

Mit etwas Übung lassen sich aus den Händen einfache Figuren bilden: bellende Hunde, hüpfende Hasen, grasende Ochsen, gleitende Adler und vieles mehr.

Tipp
Schattenspiel ist sogar vor dem Einschlafen abends im Bett möglich – ganz ohne Material außer ein wenig Licht und einer Wand, die als Bühne dient. Gut, an Schlafen denkt jetzt keiner, aber es sind ein paar glücklich verspielte, gemeinsam verbrachte Minuten. Und dann fallen doch langsam die Augen zu …

Figurentheater

Alter: ab 5 Jahren
Material für Figuren: Pappe oder festes Papier, Scheren, Äste oder Stockspießchen als Stäbe, Kreppklebeband, Stifte zum Vorzeichnen
Material für Theater: Leisten (Länge ca. 1–1,5 m), Hammer, Nägel, Pergamentpapier (ca. 1 × 1,5 m), Reißzwecken, Schnur, Klebeband, Lampe
Ort: dunkler Raum

Die Figuren

Die Kinder überlegen sich Figuren, die in ihrer Geschichte eine Rolle spielen sollen. Die Umrisse der Figuren (Trolle, Hexen, Kinder, Tiere, …) zeichnen sie im Profil, damit das Gesicht zu sehen ist, auf Pappe vor und schneiden sie aus. An den ausgeschnittenen Figuren befestigen die Kinder mit Kreppstreifen einen Stab. Jetzt ist die Figur einsatzbereit.

Das Theater

Aus vier Leisten einen Rahmen fertigen, indem diese an den Ecken zusammengenagelt werden. Pergamentpapier in den Rahmen spannen und mit Reißzwecken festheften. Den bespannten Rahmen an der hinteren Kante über einem Tisch befestigen (am besten an der Decke aufhängen und am Tisch mit Klebeband befestigen), so dass die Schauspieler auf dem Boden hinter dem Tisch sitzen und die Stabpuppen über ihren Köpfen bewegen können. Dadurch sind sie vor den Blicken der Zuschauer geschützt und werfen auch nicht ihren eigenen Schatten auf die Pergamentbühne.
Die Lampe als Lichtquelle von hinten auf die Bühne richten – das Schauspiel kann beginnen!

Die Aufführung

Manche Kinder fangen gleich an, frei miteinander Theaterstücke zu improvisieren. Mit viel Gekicher und Lachen werden die Stücke in der Regel verfolgt und kommentiert. Eine Möglichkeit ist aber auch, eine Geschichte wie beim Kasperletheater zuerst vorzuführen und so Ideen anzustoßen. Hierzu bieten sich vor allem Märchen an (z. B. „Das Traumfresserchen" von Michael Ende). Oder aber die Kinder entwickeln vorab gemeinsam in Projektarbeit eigene Geschichten und setzen diese um.

Tipp

Auch beim Figurentheater lassen sich Farbeffekte umsetzen: ob auf der Bühne oder in den einzelnen Figuren. So kann z. B. der Drache rotgelbes Feuer aus farbiger Folie speien oder der Frosch in einen blauen See springen.

Szenerien für das Schattentheater: Gestaltung von Unterwasserwelten, Wäldern und Wüsten

Mit ein klein wenig Technik lassen sich unglaubliche Effekte beim Spiel mit den Schatten erzeugen. Dafür reichen bereits ein oder zwei Lichtquellen, ein Overheadprojektor, farbige Folien und ein paar Requisiten.

Alter: ab 5 Jahren
Material: 1 oder mehrere Overheadprojektoren, farbige und klare Folien, Dias, Folienstifte, Pappe, Wasserschale, Strohhalm, Requisiten (Muscheln, Steine, Gras), Papier, Schere, Konfetti, Salz, …
Ort: dunkler Raum

Kulissen malen oder aus Pappe gestalten

Das Bühnenbild farbig auf Overheadfolie malen. Die Landschaft durchleuchtet auf den Spielschirm werfen. Soll alles dunkel sein bis auf einen kleinen Bereich (z. B. Fenster im Haus oder das Innere eines Wals), den Rest mit Pappe abdecken, er bleibt dadurch dunkel.

Farbwechsel und bunte Schatten

Immer schwarz-weiß ist auf Dauer ermüdend. Durch farbige Kopierfolien auf dem Overheadprojektor oder durch Dias bekommt jede Szene eine andere Farbe. Verschiedene farbige Folien auf mehreren Lichtquellen gleichzeitig nebeneinander erzielen ganz spezielle Farbeffekte und erzeugen bunte Schatten!

Landschaften gestalten

Meer: Blaue Folie auf den Projektor legen und eine Wasserschale obenauf stellen. Mit einem Strohhalm Wellen erzeugen. Steine, winzige Muscheln (sie werden riesig!) und Gras bilden den Rest der Unterwasserlandschaft. Aus Papier geschnittene Fische auf einer durchsichtigen Folie hin und her bewegen, als würden sie schwimmen.

Die dunkle Nacht: Hierfür sind zwei Projektoren nötig. Auf den Hauptprojektor eine blaue Folie als nächtliches Himmelszelt legen. Eventuell Pflanzen als Bäume und Sträucher hinzufügen.
Mit einem zweiten Projektor Sterne und den Mond als leuchtende Formen erzeugen. Hierzu in ein Blatt Papier kleine Punkte für die Sterne schneiden und eine Sichel für den Mond. Sollen die Sterne gelblich leuchten, eine gelbe Folie darüber legen.

Hügellandschaft mit Sonne: Mehrere grüne Folien als Hügel ausschneiden und übereinander auf einen Projektor legen. Für eine Wüstenlandschaft nimmt man gelbe Folie.
Die Sonne entsteht auf einem zweiten Projektor. In ein Blatt Papier einen Kreis schneiden und mit gelber Folie bekleben.

Schnee und Regen: Aus Konfettischnipseln, die sanft über den Projektor gepustet werden, entstehen Regen und Schnee. Sind die Schnipsel aus blau-

er Folie, ist der Regen sogar blau. Alternativ dazu die Regentropfen auf eine Folie malen und diese langsam von oben nach unten über den Projektor ziehen.
Ein richtiger Schnee- oder Sandsturm kommt auf, wenn Salz über die Folie gepustet wird.

Aus Klein mach Groß: Besonders effektvoll ist das Verändern der Größe des Schattens durch verschiedene Abstände zur Lichtquelle. So können kleine Dinge zur riesigen Bedrohung werden: eine überdimensionierte Stecknadel macht Jagd auf den Zauberer oder ein Spieler stellt einen Riesen, ein anderer Däumelinchen da. Hier sind der Fantasie keine Grenzen gesetzt!

Scherenschnitte

Alter: ab 5 Jahren
Material: DIN A3-Papier, Stifte, Lampe
Ort: halbdunkler Raum

Ein DIN A3-Blatt an die Wand hängen. Davor eine Lampe aufstellen. Ein Kind tritt zwischen die Lampe und das Blatt Papier, so dass der Schatten auf das Papier fällt. Dort bleibt es still im Profil stehen (Zappelkinder können sich auch setzen, wenn sie dann besser stillhalten können). Ein anderes Kind zeichnet mit einem Stift den Schatten auf dem Papier nach.

Schwarzes Theater

Was ist schwarzes Theater? Ein Spiel mit Magie und Illusionen! Von schwarz gekleideten Personen auf einer schwarzen Bühne werden weiß-fluoreszierende Figuren und Objekte durch einen Lichtbereich bewegt – zu sehen sind nur die hellen Figuren und Objekte! Die Akteure selbst bleiben unsichtbar. Sachen können schweben, verschwinden und ganz woanders wieder auftauchen. Das Faszinierende daran: Was in Märchen vorkommt, wird auf der Bühne Wirklichkeit.

Schwarzlicht-Theater

Alter: ab 7 Jahren
Material: schwarze Kleidung, schwarze Kapuzen mit Augenschlitzen, schwarze Tücher, schwarze Stellwände, evtl. schwarze Teppiche oder Filzmatten, schwarzes Tüll, weiße oder mit Leuchtfarbe bemalte Requisiten (Handschuhe, Bälle, Sterne, … aus Naturfasern), UV-Lampe, Musik
Ort: komplett abgedunkelter Raum

Der Raum

Für schwarzes Theater wird ein Raum benötigt, der sich komplett abdunkeln lässt. Für die Bühne kommen schwarze Tücher und schwarze Stellwände hinzu. Sitzen die Zuschauer etwas erhöht, so dass sie den Boden sehen können, muss auch dieser mit schwarzen Teppichen oder Filzmatten abgedeckt werden.

Die Akteure

Auch die Akteure selber verschwinden in Schwarz. Sie tragen schwarze Kleidung, schwarze Handschuhe, schwarze Schuhe oder Socken und eine schwarze Stoffkapuze, die das gesamte Gesicht verbirgt. Die Augenschlitze werden mit schwarzem Tüll verdeckt. So gekleidet sind die Akteure nahezu unsichtbar – und das sollen sie ja auch sein.

Die Requisiten

Nur die Gegenstände, die sichtbar sein sollen, sind weiß. Wichtig ist, dass es sich dabei um weiße Naturfaserstoffe, z. B. um weiße Baumwollhandschuhe, handelt, denn nicht alle synthetischen Stoffe reflektieren das Licht. Geeignet ist auch UV-Farbe, mit der Requisiten gestrichen werden können.
Die Requisiten lassen sich meist einfach aus Holz, Pappe und Stoffen basteln. Wenn nötig, werden auf der Rückseite Griffe angebracht. Nur die Seite, die gesehen werden soll, wird weiß gestrichen oder beklebt.
Andere reflektierende Requisiten lassen sich auch im Laden finden – vor allem rund um Halloween! Nach und nach wächst so der Fundus an Figuren und Objekten, mit denen die Kinder experimentieren können.

Das Licht

Für schwarzes Theater ist nur sehr wenig Technik erforderlich. Hierzu zählt die Lichttechnik, wobei eine einzelne UV-Lampe bereits ausreicht.

Die Musik

Zum Erzeugen von Stimmungen spielt Musik eine wichtige Rolle. Eine Musikanlage bietet sich daher an. Aber natürlich lässt sich die Hintergrundmusik auch mit einfachen Geräuschen oder Sprechgesängen selber inszenieren.

Ist die Bühne eingerichtet, kann das Experimentieren beginnen!

Tipps

- Die Bühne wird von den Zuschauern nur zweidimensional wahrgenommen. Es gibt keinen Vorder- oder Hintergrund. Jegliche Tiefe verschwindet im Schwarz. Deshalb müssen die Bewegungen ebenfalls auf einer Linie erfolgen: von rechts nach links, von oben nach unten und umgekehrt.
- Ein schwarzer Akteur darf nie vor einer weißen Fläche oder vor weißen Objekten stehen, weil diese sonst beschnitten werden. Ein einfacher Merkspruch für Kinder hierzu ist:
  Weiß vor schwarz – das sieht man gut!
  Schwarz vor weiß – verschwinden tut.
- Die einzelnen Bewegungen müssen in der Regel langsamer erfolgen, als der Akteur zunächst annimmt. Um das richtige Tempo zu finden, hilft es, sich immer wieder von Zuschauern korrigieren zu lassen und langsam und leise bei den Bewegungen mitzuzählen.

Tricks

Etwas schweben lassen: Die Figuren und Objekte langsam und gleichmäßig über die Bühne tragen. Am besten wirkt es, wenn der Gegenstand aufgehängt ist und an der Hängung transportiert wird. So werden die Schritte etwas ausgeglichen und die schwebende Bewegung wirkt gleichmäßiger.

Etwas erscheinen lassen: Einen weißen Gegenstand aus einem dunklen Sack nehmen oder den ihn umhüllenden Stoff wegziehen. So entsteht der Eindruck, dass etwas Neues plötzlich einfach aus dem Nichts erscheint.

Etwas verschwinden lassen: Das Objekt oder die Figur mit einem schwarzen Tuch bedecken oder in einem Sack verbergen. So kann sich jeder Gegenstand scheinbar in Nichts auflösen!

Gegenstände verkleinern: Der Mond nimmt ab, indem eine schwarze runde Scheibe vor ihn geschoben wird. Andere Gegenstände werden kleiner, indem sie teilweise abgedeckt werden. Wenn Abdeckungen entfernt werden, können sie auch auf ähnliche Weise wieder wachsen.

Irrationale Effekte erzeugen: Besonders faszinierend ist es für die Zuschauer, wenn auf der Bühne etwas passiert, was eigentlich gar nicht sein kann. Stellen Sie sich zwei Füße vor, die erst nebeneinander stehen und dann in unterschiedliche Richtungen auseinander gehen! Wie das geht? Die beiden Füße werden von zwei Personen anstatt von einer gespielt ...

Experimentierphase

Die Akteure benötigen viel Raum zum freien Experimentieren. Dabei überlegen sich vier bis fünf Spieler zunächst im Hellen, was sie ausprobieren möchten und spielen es dort einmal durch. Erst danach geht es ins Schwarzlicht! Die Zuschauer werden dabei zu Beratern. Sie äußern positive Kritik und entwickeln gemeinsam mit den Akteuren die Ideen weiter. Hierbei darauf achten, dass das gemeinsame Entwickeln im Vordergrund steht. Das heißt auch, dass die Kritik die Akteure ermutigen, nicht demotivieren soll! Das ist ein gutes Feld, um den Umgang mit Feedback und Kritik zu üben.
Ziel dieser ersten Experimentierphase ist es, die gestalterische Wirkung des schwarzen Theaters zu erfahren, um sie besser einsetzen zu können. Zunächst mit einfachen Materialien proben: geometrische Figuren mit einem Seil erzeugen, eine Geschichte über verliebte Hände in weißen Socken spielen, usw.

Anregungen

Oft helfen zum Einstieg auch kleine Anregungen: „Stell dir vor, du wärst unsichtbar und könntest dich unsichtbar bewegen." „Was könnte Witziges in der Schule oder am Frühstückstisch passieren?" (z. B. Die Eier verschwinden immer vorm Aufklopfen, die Mathearbeit fliegt davon, ...)

Kooperation

Die Bühne ist in der Regel sehr eng, in dem Geschehen übernimmt jeder eine wichtige Rolle, die genau abgestimmt sein muss (man denke z. B. an die Hände oder Füße, die von zwei unterschiedlichen Personen gespielt werden). Das heißt, ohne hohe Konzentration und ein genaues Zusammenspiel funktioniert es nicht! Hier werden kooperative Fähigkeiten geschult.

Spieldauer

Die Spielideen sollten nur auf zwei bis fünf Minuten angelegt sein. Auch Pausen im Licht mit etwas mehr Platz und Bewegung sind nötig. Gibt die Spielleitung hierfür genug Raum, verfallen die Akteure schnell vollständig der Faszination des schwarzen Theaters.

Je erfahrener die Akteure werden, desto eher entwickeln sie kleine Stücke und setzen sie um. Als Vorlage eignen sich z. B. Bilderbücher (die Sterne rieseln bei Sterntaler aus dem Himmel hinab) oder Träume. Denn wo sonst lassen sich irrationale Geschichten so gut umsetzen wie im schwarzen Theater?

Für Schlaufüchse: Warum tragen Diebe in der Nacht dunkle Kleidung?

Nächtliche Diebe nutzen die Erfahrung, die wir auch beim Schwarzlichttheater machen: Das Schwarz der Kleidung und der Maske verschwindet vor dem dunklen Hintergrund der Nacht.

Die Dunkelheit färben – Kunstprojekte in der Nacht

Landart bei Nacht

Landart (aus dem Englischen; gesprochen „länd art"; land = Land, art = Kunst) ist eine relativ junge Kunstrichtung, bei der die Künstler in und mit der Natur arbeiten. Dabei gestalten „Landart-Künstler" ihre Kunstwerke ausschließlich aus Naturmaterialien und belassen diese am Ort ihrer Entstehung in der Natur, wo sie dann im Laufe der Zeit wieder zerfallen.

Landart mit Kindern ist künstlerisches Abenteuer bestehend aus einer bunten Mischung von Naturerkundung, Fantasie, Spielen und Bauen. Viele Kinder gestalten ganz von selbst: Sie bauen kleine Miniaturlandschaften und Hütten, basteln mit Blättern oder errichten Staudämme. Beim Erschaffen von Landart-Kunstwerken entfalten die Kinder ihre Fantasie und bringen ihre Begeisterung voll ein.

Ein ganz besonderes Erlebnis ist das Gestalten einer Landart-Ausstellung nachts! Wie lässt sich die Dunkelheit färben?

Noch im Hellen überlegen die Kinder, wie sie nachts Farbe in den Wald bringen können. Auf die Idee, den Wald mit Kerzen zu beleuchten, kommen sie schnell. Alle kennen Laternen – wie wäre es, Laternen aus Blättern anzufertigen und diese zu durchleuchten? Oder gewebte Blatt-Teppiche vor die Kerzen zu stellen? Mit dem Bauen und Basteln beginnen sie lange bevor sich die Nacht senkt. Bereits in der Dämmerung entfachen sie die Kerzen, in der Dunkelheit besichtigen dann alle staunend die Ausstellung.

Künstler-Tugenden

Als Gäste im Landart-Atelier Wald, Bach oder Wiese wollen wir die Natur möglichst wenig stören. Wir benutzen daher vorwiegend unbelebte Materialien. Wenn wir lebende Pflanzenteile (z. B. grüne Blätter, Löwenzahnblüten und Mooskissen) verwenden, nehmen wir nur so viel, wie wir wirklich brauchen, und achten darauf, die Pflanzen nicht zu stark zu schädigen. Natürlich nehmen wir nie Teile von geschützten Pflanzen und passen auf, dass wir möglichst wenig zertreten.

Blatt-Teppiche

Blatt-Teppiche können als lange Fahnen von den Bäumen hängen oder aber auch in einem Rahmen wie ein Wandschirm aufgestellt werden. Besonders schön sind sie aus dem bunten Herbstlaub vom Ahorn oder der Platane!

Alter: ab 5 Jahren
Material: Scheren, Herbstlaub (z. B. von Ahorn oder Platane)
Ort: draußen

Schönes, gefallenes Laub sammeln.
Mit einer Schere die Stängel der Blätter abschnei-

den. Nicht wegwerfen! Die Stängel dienen dem Zusammenstecken der Blätter.
Blatt an Blatt legen, so dass sich diese leicht überlappen. Mit dem spitzen Ende des Stängels wie mit einer Nadel ein Loch durch die Blätter stechen und 1–2 cm entfernt wieder auftauchen, den Stängel stecken lassen. Dadurch sind die Blätter zusammengeheftet.
Rechts, links, oben und unten auf die gleiche Weise weitere Blätter anheften, so dass eine Schlange oder ein Teppich entsteht.

Tipp

Werden die Blätter in einem Kreis zusammengeheftet, entsteht eine Blattkrone, die gerade bei jüngeren Kindern sehr beliebt ist.

Webrahmen

Alter: ab 5 Jahren
Material: Schere, Wolle bzw. Schnur, Stöcke
Ort: draußen

Aus vier Stöcken und etwas Wolle oder Schnur einen Webrahmen herstellen.
Hierzu zunächst die Stöcke so legen, dass sie ein Viereck bilden und sich an den Enden leicht überlappen. Die Enden mit Hilfe der Schnur miteinander verbinden.
Zwischen den Stöcken Wollefäden spannen, die als Gerüst zum Weben dienen.
In die Webfäden die Blätter und Blüten einweben.

Ein grünes Fenster

Alter: ab 5 Jahren
Material: alter Bilderrahmen, durchscheinendes Pergamentpapier oder Plexiglasscheibe, Kleber, Blätter, Lichtquelle (Taschenlampe, Fackel)
Ort: draußen

Die Kinder sammeln Blätter in den unterschiedlichsten Grüntönen. Ein alter Bilderrahmen dient als Rahmen. Für das Fenster nehmen sie weißes, durchscheinendes Pergamentpapier (oder Plexiglasscheiben) und Kleber zu Hilfe. Mit dem Klebstoff kleben sie die grünen, verschiedenartigen Blätter auf das Papier auf. Den Rahmen leuchten sie von hinten aus.

Tipp

Besonders eindrucksvoll ist es, aus mehreren Rahmen einen grünen Tunnel zu gestalten, der von außen beleuchtet wird. Hierzu die Rahmen schräg aneinander legen, so dass ein dreieckiger Tunnel entsteht, durch den die Kinder hindurchkriechen können.

Die Blütenspur

Wie werden Feen ihren nächtlichen Tanzplatz hervorheben? Natürlich mit leuchtenden Blüten!

Alter: ab 5 Jahren
Material: helle Blüten (z. B. Löwenzahn)
Ort: draußen

Die Kinder legen mit hellen Blüten (z. B. Löwenzahn), die sie z. B. auf Baumstämmen drapieren, ihren Platz aus.

Der schlafende Drache

Mancher umgestürzter Baum sieht fast wie ein Drache aus.

Alter: ab 5 Jahren
Material: bunte Ahornblätter, Lehm, rote Blätter, evtl. Kerze
Ort: draußen

Mit bunten Ahornblättern bilden die Kinder die Zacken auf dem Rücken des Drachen nach, mit Lehm formen sie das Maul, aus dem er Feuer spuckt (Kerze oder rote Blätter).

Beleuchtetes Stock-Iglu

Material: Äste, Lichtquelle (Taschenlampe, Teelichter in leeren Marmeladengläsern)

Die Kinder errichten ein Iglu, indem sie Äste im Kreis aufeinander legen. Mit zunehmender Höhe wird der Kreis immer kleiner. Den Eingang lassen sie frei.

Das Iglu von innen beleuchten, so dass es in der Nacht zu einem einladenden Heim wird.

Das ängstliche Ungeheuer

Alter: ab 5 Jahren
Material: nach Belieben
Ort: draußen

Diese Aufgabe regt die Fantasie der Kinder an: Hier im Wald lebt ein Ungeheuer, das sich jedoch vor der Nacht schrecklich fürchtet. Wie mag das ängstliche Ungeheuer aussehen? Ist es hier irgendwo zu entdecken? Wie könnten die Kinder es gestalten?

Leuchtstab-Tanz

Leuchtstäbe sind etwa 20 cm lange Stäbe aus Kunststoff, die mit zwei Chemikalien gefüllt sind. Vermischen sich diese Chemikalien, geben die Stäbe Licht ab. Sie werden u. a. als Notlicht in der Wildnis oder für Höhlentouren genutzt und können in unterschiedlichen Farben leuchten (gelb, grün, orange).

Diese Leuchtstäbe sind für Kinder sehr faszinierend: Licht, das chemisch entsteht, kalt ist und in einer Röhre gefangen bleibt? Das kann es doch kaum geben!

Alter: ab 5 Jahren
Material: Leuchtstäbe (erhältlich in Survival- und Trekkingläden), Schnur, evtl. Musik
Ort: draußen

Die Leuchtstäbe eignen sich wunderbar, buntes Licht ins Dunkel zu bringen. Ob drinnen im abgedunkelten Raum oder draußen – sie laden zum Experimentieren ein. An eine Schnur gebunden lassen sich die Stäbe herumwirbeln. So werden Lichtfiguren erzeugt: Lichtkränze über dem Kopf, in die Nacht gemalte Achten, Wellen, … Die Kinder überlegen sich eine gemeinsame Choreografie. Im Kreis stehend erzeugen sie rhythmische Licht-Bilder, die von Musik begleitet werden können.

Nächtliche Blattdiashow

Alter: ab 5 Jahren
Material: Pappe, Lampe bzw. Straßenlaterne, Blätter und Blüten
Ort: draußen

Vorbereitung

Aus Pappe ca. 10 × 10 cm große, rechteckige Diarahmen schneiden, und zwar so, dass jeweils zwei der Rechtecke an einer Seite zusammenhängen und -geklappt werden können. In die Mitte des Diarahmens eine weitere rechteckige Öffnung schneiden. Dazwischen das Bild bzw. Motiv einlegen.

Diashow

Damit jeder versteht, worum es heute geht, stellt die Spielleitung zunächst die Frage: „Wer kennt eine Diashow und kann erklären, was das ist?" – Das Besondere an Dias ist, dass sie von hinten mit Licht durchleuchtet werden.
Jedes Kind sammelt ein besonders schönes Blatt oder eine Blüte und stellt sich damit in einen Kreis um die Lichtquelle (Straßenlaterne oder Lampe, die nicht blendet!). Wir machen eine Blattdiashow mit großen Diarahmen. Das heißt, wir spannen ein Blatt, eine Blüte, etwas Gras, ... als Dia in den Rahmen und halten ihn hoch gegen das Licht in der Mitte des Kreises. So können wir ganz andere Dinge sehen: feine Härchen, Blattadern, ...
Eine Diashow besteht aus vielen Dias hintereinander. Die Blattdiashow funktioniert, indem die Kinder:

- ihr Bild hochhalten und betrachten
- auf ein Klatschen das Bild herunternehmen und nach rechts (vorher zeigen lassen, wo rechts ist!) weiter reichen
- das Dia, das sie von links erhalten, hochhalten und betrachten
- auf ein Klatschen das Bild herunternehmen und nach rechts weiterreichen usw. – bis alle Bilder einmal herum sind (dabei kommentieren, bestaunen, bewundern)

Tipp

Die Koordination der Bewegungsabläufe ist für Kinder anfangs sehr schwierig. Daher sollte sehr langsam begonnen werden. Das Tempo dann nach und nach steigern. Im Anschluss können die Kinder eigenständig mit neuen Motiven (z. B. Federn, Blattgerippen, ...) experimentieren, indem sie die Dias vor die Laterne oder die eigene (schwache!) Taschenlampe halten.

Nachtbilder

In der Dunkelheit sehen wir die Landschaft und Umgebung rings um uns herum in schwarz-weißen Silhouetten.

Alter: ab 6 Jahren
Material: große Papierbogen, Klemmbretter oder Staffelei als Malunterlage, schwarze Farbstifte, z. B. Wachs, Kohle (➜ rechte Spalte) oder Wasserfarben
Ort: draußen

Jedes Kind sucht sich einen Blickwinkel, bei dem es die besonders schöne Silhouette eines Baumes, eines Hauses etc. vor sich hat und baut dort seine Staffelei auf oder setzt sich mit seinem Klemmbrett auf den Boden. Dann geht es los – doch welche Überraschung: Malen in der Dunkelheit ist etwas ganz anderes als am Tag! Alles Schwarze ist während des Malens auf dem Blatt nicht zu sehen. Wir müssen umdenken. Die Gegenstände werden durch die Umgebung erfasst, nur die hellen Stellen, auf die keine Farbe aufgetragen wird, sind sichtbar.

Kohlestifte selbst gemacht

Alter: ab 5 Jahren
Material: Lagerfeuer, Metallbox, Ästchen, Taschenmesser
Ort: draußen

Besonders stimmungsvoll ist es, die Kohlestifte, mit denen man in der Dunkelheit zur Nachtbild-Malaktion starten will, zuvor im Lagerfeuer selbst zu brennen. Hierzu etwa stiftdicke, frische Zweige schneiden und die Rinde mit einem Taschenmesser abschälen. Die Holzstückchen in eine flache Metalldose packen und in die Glut legen. Ohne Sauerstoffzufuhr das Holz in der Dose und zu einem Kohlestift verkohlen lassen.

Für Schlaufüchse: Wie alt sind die ältesten bekannten Höhlenmalereien der Steinzeitmenschen?
Schon die Neandertaler haben mit Holzkohle gemalt. Für ihre Höhlenmalerei nutzten sie außerdem noch Ocker, Mangan, Kalkstein und Erde, zumeist mit Wasser, Blut, Harz oder Milch als Bindemittel. Die älteste bekannte Höhlenmalerei hat man in Europa entdeckt, und zwar vor allem in Spanien und Frankreich. Sie stammt aus der Zeit vor ca. 32 000 Jahren, d. h. aus der Altsteinzeit, als die „Europäer" als Jäger und Sammler in einer durch die Eiszeit geprägten Umgebung lebten.

Fackel-Vernissage

Die Fackel-Vernissage ist eine besondere Form der Ausstellung: Eine Ausstellung in der Nacht, beleuchtet nur durch Fackeln! Die Stimmung ist einmalig, die Ausstellungsgegenstände kommen voll zur Geltung.

Alter: ab 10 Jahren
Material: Fackeln, Ausstellungsgegenstände (Bilder, Kunstwerke, Zitate, Gedichte), Schnur zum Aufhängen, Feuerlöscher, Wassereimer, Löschdecke; Sektgläser, O-Saft, Tablett
Ort: draußen
Vorbereitung: Den Aufbau der Ausstellung im Hellen vornehmen; Gefahrstellen (Verletzungs- und Feuergefahr) umgehen oder ausräumen

Empfehlenswert sind Kunstausstellungen mit Selbsterschaffenem der TeilnehmerInnen – oder aber auch Themenausstellungen mit Zitaten und Gedichten, die zum Nachdenken und Diskutieren anregen.

Wie bei einer richtigen Vernissage gibt es am Eingang zur Begrüßung ein Sektglas mit O-Saft in die Hand. Dann gilt es durchzuschlendern, zu genießen und zu diskutieren.
Wichtig! Fackeln (Feuer) im Außengelände oder im Wald immer mit den zuständigen Behörden oder dem Forstamt abklären!

Lichterreise

Bei der Lichterreise geht es nicht um Angst und Gruseln, sondern um den Zauber des Nachtwaldes! Teelichter, die in Marmeladengläsern vor dem Wind geschützt werden, beleuchten eine „zauberhafte" Wegstrecke. Die durch den Kerzenschein erzeugte Stimmung hat etwas Magisches!

Alter: ab 5 Jahren
Material: möglichst viele Teelichter in kleinen Gläsern
Ort: draußen
Vorbereitung: Den Aufbau der Lichterreise beginnend an einem Waldweg im Hellen vornehmen; Gefahrstellen (Verletzungs- und Feuergefahr) umgehen oder ausräumen

Die Lichterreise startet auf einem Waldweg. Es gilt, einer Spur aus Teelichtern zu folgen. Die Kinder gehen von Licht zu Licht und lassen sich von den Kerzen führen. Je nach Gelände führt die Lichterreise auch vom Weg ab in den Wald hinein. Wurzeln, Baumstümpfe, Farn, Grasbüschel, Pilze, bunte Blätter, Flechten, hohle Stämme und kleine Höhlen werden dabei kunstvoll ausgeleuchtet und laden durch ihre Schönheit zum Bestaunen ein. Und wer weiß, ob sich nicht ein kleiner Zwerg im Licht entdecken lässt?

Tipp

Erzeugen Sie schon am Start eine ruhige, auf Schönes gespannte Stimmung und erklären den Kindern, dass nichts Erschreckendes lauert. Geben Sie den Kindern Sicherheit: Auch wilde, gefährliche Tiere werden den Kindern nicht begegnen. Während Sie jüngere Kinder in Kleingruppen mit jeweils einem Betreuer losschicken, der bei der Suche nach Märchenwesen die Fantasie der Kinder fördert, können größere Kinder und Jugendliche auch zu zweit oder alleine gehen.
Wichtig! Bei der Arbeit mit älteren Kindern und Jugendlichen sind folgende Regeln wichtig:
- Keiner rennt (Verletzungsgefahr) und verhält sich laut. Kein Schreien.
- Keine Lichter mutwillig löschen.

Lassen Sie ausreichend Abstand zwischen den Teilnehmenden, so dass sie sich nicht gegenseitig stören. Jeder merkt sich, wer vor ihm gestartet ist – so ist es zwischendurch möglich zu kontrollieren, ob bisher alle angekommen sind. Auch ist gleich klar, wer womöglich ein Licht gelöscht hat …

Kerzen-Labyrinth

Alter: ab 8 Jahren
Material: möglichst viele Teelichter in kleinen Gläsern
Ort: draußen

Auf Papier das Labyrinth planen und aufzeichnen. Wo soll der Weg entlang führen? Soll es Irrwege geben oder stellt das Labyrinth eine kunstvolle geometrische Form dar?
Sobald jedem klar ist, wie das Kerzenlabyrinth aussehen soll, startet die Bauphase im Hellen. Die Kinder legen Gänge, die rechts und links von Teelichtern begrenzt sind. Der Gang sollte dabei knapp einen Meter breit sein, die Teelichter stehen im Abstand von ca. 30 cm.
Das ist viel Arbeit – aber der Anblick bei Nacht lohnt sich!

Kerzenflöße

Alter: ab 6 Jahren
Material: Stöcke, Draht, Teelichter, Streichhölzer, Schnur
Ort: draußen an einem Teich oder See

Aus Stöckchen basteln die Kinder kleine Flöße, indem sie die Stöcke mit dünnem Draht verbinden. Auf jedem Floß befestigen sie ein Teelicht. Dazu ziehen sie mit Draht eine Schlaufe durch die Aluhülle. Bevor sie das Teelicht entfachen, befestigen sie eine Schnur an dem Floß, um es wieder an Land ziehen zu können. An dieser Leine lassen die Kinder die fertigen Flöße auf einem Teich oder See zu Wasser. In vielen Teilen der Welt schicken die Bewohner mit Kerzenflößen Botschaften an die Geister der Ahnen. Wer also will, kann sich etwas wünschen – vielleicht kommen die Wassernixen hervor und erfüllen den Wunsch ...

Wichtig! Um Müll in der Natur zu vermeiden, müssen die Flöße anschließend wieder an Land geholt werden, denn der Draht und die Aluhüllen verrotten nicht.

Bei Nacht im Märchenwald

Wie ist es zu schaffen, dass gerade die jüngeren Kinder die Angst nachts im Wald verlieren?
Geben Sie ihnen Sicherheit, z. B. durch einen Waldgeist, der ein Freund der Kinder ist und sie vor allem beschützt, der mit Pflanzen und Tieren sprechen kann, so dass keine Gefahr mehr droht. Mit ihm an der Seite (Birkenrindenbriefe können seine Existenz beweisen) fliegt die Angst der Kinder davon und sie können sich mutig auch nachts in den Märchenwald begeben.

Im Folgenden wird eine mehrtägige Aktion mit Nachtbesuch im Märchenwald beschrieben. Der Märchenwald ist ein unauffälliges Waldstück mit alten Baumstubben oder kleinen Erdhügeln und wird von den Kindern nach und nach ausgestaltet. Dabei entsteht ein Erdmännchen- oder Zwergendorf mit allem, was diese Fantasiewesen zum Leben brauchen: sichere Höhlen oder Hütten, Brennholzvorräte, Spielplätze, ... Anfangs unterscheidet sich dieses Stückchen Wald nicht von dem Wald rund herum – erst die Fantasie macht es zu etwas Besonderem.

Alter: ab 5 Jahren
Material: Schnur, Gläser mit Teelichtern, evtl. Zwergen-Zubehör (kleine Mützen aus Filz, Eichel-Hütchen gefüllt mit essbaren Beeren, leere Eierschalen oder Muscheln als Badewannen, geschliffene Halbedelsteine als Wandschirme oder Tische, winzige Asthäufchen als Brennholzstapel an der Zwergen-Feuerstelle, Holzkohlenreste, Daunen als Bettdecken, ...), Bindfaden
Ort: draußen

1. Tag
Die Kinder betreten den „Märchenwald" am helllichten Tag. Es ist auf den ersten Blick ein ganz normaler Wald – und doch soll es hier etwas Besonderes geben: Hier leben klitzekleine Märchenwesen! Sie sind alle nicht größer als der Finger eines Erwachsenen, die kleinsten davon so klein wie der kleine Finger des jüngsten Gruppenmitglieds. Wo sie wohl leben mögen?
Die Kinder gehen auf die Suche nach Zwergen, Feen, Erdmännchen & Co. Sie steigen dabei in die Fantasiewelt ein und machen sich mit dem Waldgelände vertraut.
An Erdhängen, auf Baumstümpfen und zwischen großen Wurzeln sind die Zwerge und Erdmännchen zu Hause (Buchtipp: *Kleiner König Kalle Wirsch*, → Anhang). Wie leben sie wohl? Wie sehen ihre Wohnungen aus? Wie ihr Spielplatz? Erdmännchen sind klein – wie riesig ist dann ein Ästchen und ein Blatt für sie! Schnell kommen die Kinder auf die Idee, dass sie den Erdmännchen helfen könnten, indem sie für sie aus Zweiglein und Blättern Hütten bauen, Ästchen als Feuerholz klein brechen, Kieselsteine als Sitzplätze und Tische aufstellen, aus Schnüren Strickleitern anfertigen, ... Für ein, zwei Stunden wird gebastelt und gebaut.

Nachbereitung: Sind die Kinder weg, kehrt der Betreuer noch einmal kurz um und „belebt" das Erdmännchendorf. Die von den Kindern gebauten Einrichtungen werden so hergerichtet, als wären sie tatsächlich genutzt worden: Asche liegt in den Feuerstellen, das Bett ist genutzt, der Hof gefegt etc.

2. Tag
Wieder besuchen die Kinder das Märchenland. Und welch eine Überraschung: Über Nacht müssen die Erdmännchen da gewesen sein! Die Feuerstellen sind benutzt, in einer leeren Eierschale befindet sich Wasser (das Badezimmer?!), auf den Tischen liegen Beeren und auch die Betten sind zerwühlt!
Nach dem Bestaunen der Kleinigkeiten geht es mit vermehrtem Eifer ans Bauen. Wie wäre es mit einem Erdmännchen-Spielplatz? Oder einem Theater?

Schwebende Blattgondeln: In einem weiteren Arbeitsschritt verbinden die Kinder die einzelnen Baumstümpfe und die Erdmännchenhäuser mit Seilbahnen und Gondeln. Denn ist es nicht furchtbar praktisch, durch die Luft zu schweben, anstatt über den Boden zu kraxeln, wo für die kleinen Erdmännchen Gefahren lauern können?
Zunächst Bindfäden mit etwas Gefälle von einem Erdmännchenhaus zum nächsten spannen. Ahornblätter an den Rändern nach oben biegen und mit einem Blattstiel feststecken. So entsteht die Gondel. Nun die Gondel mit dem Blattstiel in den Bindfaden einhaken – und ab geht die Fahrt!
Nach ein bis zwei Stunden verlassen die Kinder das Märchenland wieder, um die Bewohner nicht beim Schlafen zu stören. Denn offensichtlich sind sie eher nachtaktiv und Kinder nun mal nicht so leise ...

Die Nacht
Vorbereitung: Noch im Hellen das Märchenland mit Teelichtern ausleuchten. Fundstücke (winziger Pulli aus Filz, spitzer Hut, Halbedelsteine, ...) verstecken.

Die Kinder wollen natürlich gerne einmal ein Erdmännchen sehen. Doch nur mit Glück sind sie manchmal nachts zu entdecken, wenn sie die Lichter in ihrer Stadt entzündet haben. Aber sie sind sehr scheu!

In kleinen Gruppen gehen die Kinder zu dem beleuchteten Erdmännchendorf. Wichtig ist es, dass sie vollkommen leise schleichen und sich gegenseitig nur flüsternd auf Entdeckungen hinweisen. So entsteht eine sehr schöne, geheimnisvolle und ruhige Stimmung, die die Fantasie der Kinder stark anregt. Und wer weiß: Vielleicht entdeckt der eine oder andere sogar ein verstecktes Erdmännchen für einen Augenblick.

Tipp

Die Spannung lässt sich noch erhöhen, wenn die Spielleitung den Kindern erklärt, dass der Märchenwald nachts mit mehreren Alarmanlagen gesichert ist. Diese funktionieren wie Lichtschranken. Daher müssen sich alle an bestimmten Stellen bücken, um unter der imaginären Alarmanlage hindurch zu tauchen, oder die Beine heben, um über sie hinweg zu steigen. Natürlich lautlos! Also schleichen alle in Reihe heran. Die Spielleitung schleicht vorneweg und gibt Zeichen, dass sich jetzt alle bücken müssen, weist auf knackende Äste hin, um sie zu vermeiden, …

Laternen und Lampen basteln

Fackeln selbst herstellen

Alter: ab 8 Jahren
Material: Zeitungspapier, Kerzenwachsreste, Hanf-Kordel (Ø 4 mm, nur Naturfaser verwenden!), evtl. Brennnesselfasern, Blechdosen (z. B. leere Eintopfdosen), Topf für Wasserbad zum Wachsschmelzen, Heizplatte, grobe Raspel, mehrere mittelgroße Bostenpinsel, großer Pappkarton
Ort: drinnen oder draußen

Zeitungsrolle

Drei bis vier Lagen Zeitungspapier zu einer Rolle (Ø 3–4 cm) drehen, die so lang ist, wie die Zeitung hoch.

Das Hanfseil um die Rolle wickeln, dabei oben ca. 5 cm Schnur und ca. 2 cm Zeitung herausragen lassen, um dort die Fackel später zu entzünden. Die einzelnen Wicklungen der Schnur dicht aneinander legen und stramm wickeln. Unten eine Handbreit Zeitung zum Anfassen übrig lassen und die Schnur verknoten, damit sie sich nicht wieder abrollt.

Wachsschmelze

In der Zwischenzeit das Wachs schmelzen lassen. Dazu alte Kerzenreste in eine leere Blechdose raspeln und im Wasserbad erhitzen.

Vorsicht! Im geschmolzenen Zustand sind Parafin und Stearin leicht entzündlich – daher von Zündquellen fernhalten!

Die Dose mit dem geschmolzenen Wachs in die Mitte des großen Pappkartons stellen. Etwa vier Kinder stellen sich um den Karton herum und bestreichen mit den Pinseln ihre Fackeln im Karton. So werden heiße Wachsspritzer vom Karton (und nicht von der Umgebung oder der Kleidung) aufgefangen. Erkaltete Wachsspritzer können vom Karton gelöst und wieder eingeschmolzen werden.

Fackel

Die Fackel mit Hilfe der Pinseln mit dem flüssigen Wachs betupfen, so dass sich die Fasern der Schnur gut vollsaugen können. Nach und nach wird das Wachs in der Dose kälter und zähflüssiger. Dieses zähe Wachs dient dazu, die Fackel großflächig zu bestreichen und eine dicke Wachsschicht um die Fackel zu legen. Ist die Dose leer, wird sie durch eine zweite Dose mit geschmolzenem Wachs ausgetauscht. Am Ende ist die Fackel 4–6 cm dick und die Schnur nicht mehr zu sehen. Zum Schluss die Spitze der Fackel über Kopf in das flüssige Wachs eintauchen, so dass auch sie von einer Schicht umhüllt ist.

Tropfenfänger

Wer mag, kann sich aus einem Stück Pappe einen Tropfenfänger basteln. Dazu in die Pappe ein Loch schneiden und den Griff der Fackel hindurch stecken.

Wichtig! Als Kordel nur Naturfasern wie Hanf oder Baumwolle verwenden! Kunstseile aus Nylon oder Spleitex schmelzen beim Brennen und fangen an zu tropfen, was schlimme Brandwunden verursacht und Flecken auf der Kleidung hinterlässt.

Tipp

Statt der gekauften Kordel können die Kinder Brennnesselfasern sammeln und benutzen. Dazu schneiden sie im Herbst die trockenen, faserigen Stiele und bilden kleine Brennnesselbündel. Diese an der einen Seite fest in die Hand nehmen und so lange auf einen Stein dreschen, bis nur noch dünne Fasern übrig sind. Mit den Fasern wie oben beschrieben die Zeitung umwickeln und mit Wachs tränken.

Mandarinenkerzen

Alter: ab 5 Jahren
Material: Mandarinen, Speiseöl
Ort: drinnen

Die Mandarinen so schälen, dass die untere Hälfte heil bleibt, und die Frucht vorsichtig entnehmen. Die weißen Fasern in der Mitte, an denen die einzelnen Fruchtstückchen wuchsen, stehen lassen. Sie dienen als Docht der Mandarinenkerze. Falls sie noch feucht sind, etwas trocknen lassen.
Die Mandarinenschale zu Dreivierteln mit Speiseöl füllen. Den faserigen Docht wie einen Kerzendocht anzünden.
Eine Naturkerze, die Mandarinenduft verbreitet! Der Docht hält, bis er heruntergebrannt und das Öl verbraucht ist.

Für Schlaufüchse: Gab es schon Lampen in der Steinzeit?
Ja! Der Trick, Kerzen und Lampen mit Ölen und Fetten zu betreiben, stammt bereits aus der grauer Vorzeit. Schon die Steinzeitmenschen haben Lampen hergestellt, indem sie eine Kuhle in einen Stein gekratzt und diese mit Fett gefüllt haben. Ein Docht wurde aus trockenen Grashalmen gedreht.
Heute noch ein Begriff sind „Tranfunzeln", die mit Tran (Fett) betrieben wurden.

Zwergenlampen aus Gurkengläsern

Alter: ab 8 Jahren
Material: leere Gurkengläser, Holzleisten, Holzbrett, kleine Säge, Leim, kleine Nägel, Hammer, Farbe, Pinsel, Kupferblech, dicke Kerze
Ort: drinnen

- Das Brett so zuschneiden, dass es so lang und breit ist wie der Boden des Gurkenglases (Länge b).
- Acht Leisten so zuschneiden, dass sie vom Boden bis zum oberen Rand des Glases reichen (Länge h).
- Vier Leisten auf Länge e zuschneiden. Die Länge e ist um eine Leistenbreite kürzer als die Länge des Bodens. Werden die vier Leisten wie auf der Abbildung zusammengesetzt, ist die Fläche mit der des Bodens deckungsgleich.
- Das Holz in der gewünschten Farbe von allen Seiten bemalen und trocknen lassen.
- Die vier kurzen Leisten zu einem Rechteck zusammensetzen, leimen und nageln (Abb. 1). Leim trocknen lassen.
- Jeweils zwei der Leisten als Winkel zusammensetzen (Abb. 2), leimen und nageln.
- Die Winkel am Bodenbrett mit Leim und Nägeln befestigen (Abb. 3).
- Sind die vier Außenleisten gesetzt, das Gurkenglas hineinstellen (Abb. 4).
- Das Viereck aus den kurzen Leisten an den oberen Kanten der langen Winkelhölzer einsetzen und mit Leim und Nägeln befestigen (Abb. 5).
- Vier Leisten als Querverstrebungen zuschneiden, streichen und befestigen (Abb. 6).
- Aus dem Kupferblech ein Dach biegen und auf die Zwergenlampe aufsetzen. – Fertig!

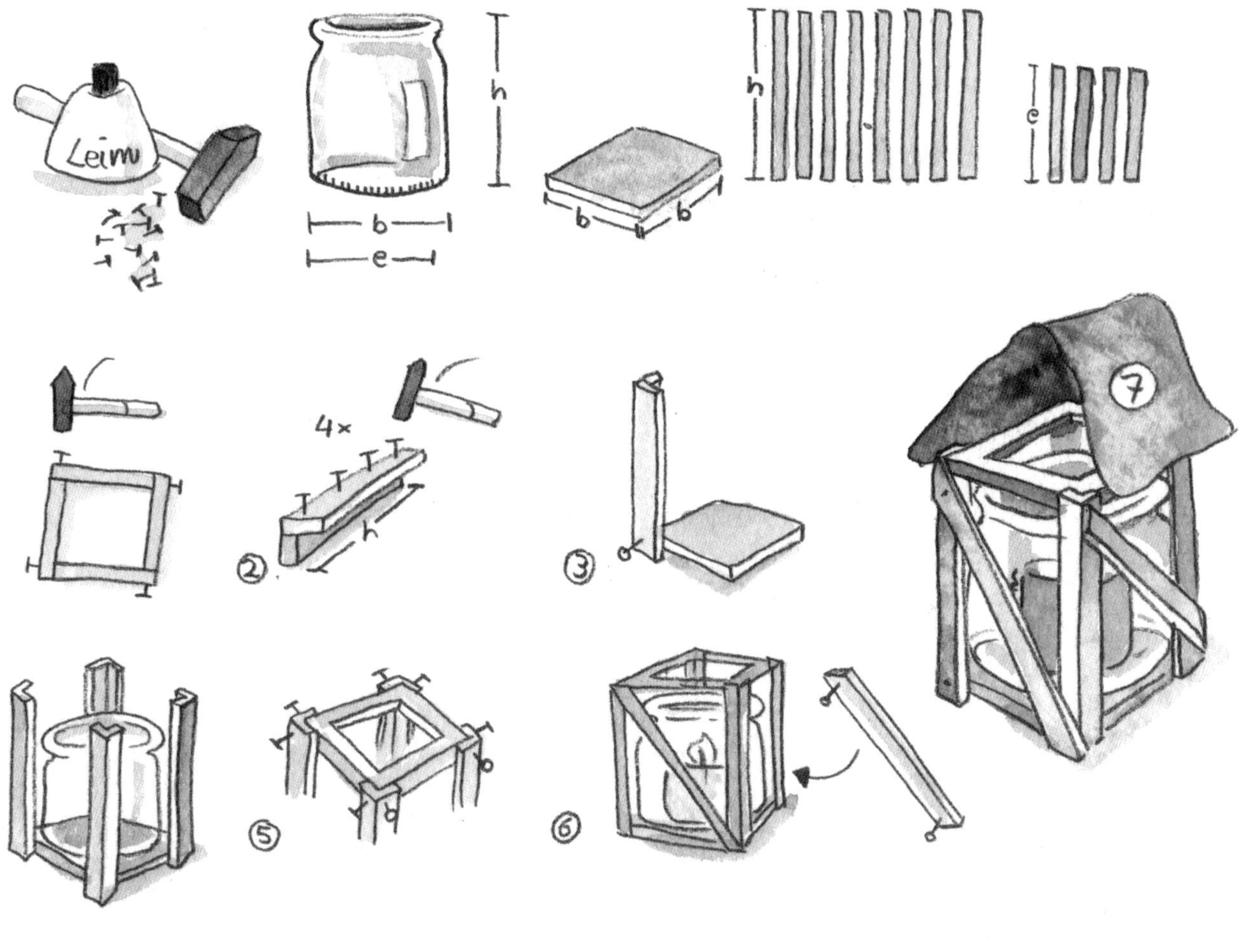

Schwimmkerzen in Walnussschalen

Alter: ab 5 Jahren
Material: halbierte Walnussschalen, Docht, leere Blechdose, Topf, Bienenwachs oder andere Wachsreste
Ort: drinnen

Das Wachs in einer Blechdose im Wasserbad erhitzen, bis es flüssig ist.
In die Walnussschalen einen langen Docht halten. Dabei greift die Hand möglichst weit oben, um mit dem heißen Topf, aus dem das Wachs in die Schalen gegossen wird, nicht in Berührung zu kommen.
Der „Dochthalter" hält den Docht so lange gerade, bis das Wachs erstarrt ist.
Den Docht etwa einen halben Zentimeter oberhalb der Walnussschale abschneiden.

Die fertigen Walnusskerzen können schwimmen! Sie werden dazu in eine Schale mit Wasser oder in die Badewanne gesetzt und angezündet.

Bunte Kerzen in Plätzchenformen oder leeren Überraschungseiern

Alter: ab 5 Jahren
Material: Plätzchenformen oder leere Plastikeierdosen (z. B. von Überraschungseiern), Docht, leere Blechdose, Topf, Bienenwachs oder andere Wachsreste
Ort: drinnen

Mit der oben beschriebenen Methode können Kerzen auch in verschiedene Formen gegossen werden. Hierzu eignen sich z. B. Plätzchenformen oder leere Überraschungseierdöschen. Diese kurz vorher ins Eisfach legen, damit sich die fertige Kerze besser aus der Form löst.

Besonders schön sehen Schichten von unterschiedlicher Farbe aus! Das Nachgießen der nächsten Farbe muss vor dem völligen Erkalten erfolgen, damit sich die Schichten verbinden. Die erkaltete Kerze am Docht aus der Form ziehen.

Farbige Windlichter

Alter: ab 5 Jahren
Material: Fensterfarbe (z. B. Window color), leere Marmeladen- oder Einweckgläser, Papier, Stifte, Tesafilm, Teelichter oder kurze Kerzen
Ort: drinnen

- Ein weißes Blatt Papier so rollen, dass es genau in das Glas passt. Dabei Länge und Höhe markieren.
- Das Papier wieder herausnehmen und auf die Maße des Glases zuschneiden.
- Das gewünschte Motiv auf dem Papier vorzeichnen, z. B. einen Sternenhimmel, nächtliche Gruselgestalten (Gespenster, Hexen) oder nachtaktive Tiere.
- Die fertige Vorlage wieder in das Glas rollen und mit Tesafilm fixieren.
- Das Bild nach und nach mit Fensterfarbe von außen auf das Glas übertragen.
- Das Papier wieder entfernen und ein Teelicht oder eine kurze Kerze in das Glas stellen.

Wird diese angezündet, strahlt das durchleuchtete Bild und schafft eine tolle Stimmung!

Biwak – nachts in freier Natur

Der Begriff „Biwak" kommt aus dem Französischen und bedeutet so viel wie Zeltlager oder nachts sein Camp in freier Wildnis aufschlagen.

Eine Nacht unter Sternen

Die Nacht draußen unter freiem Himmel zu verbringen und sie in der Natur zu erleben ist für die meisten von uns ein außergewöhnliches Ereignis. Im Wald oder auf einer Wiese schlafen, den vorüber ziehenden Mond beobachten und Sternbilder suchen, dem Wind in den Blättern und den Rufen der Tiere lauschen und schließlich die aufgehende Sonne betrachten – wann waren Sie selber das letzte Mal eine ganze Nacht draußen?

Die Ortssuche

Gut geeignet als Ort für die Übernachtung sind Wald und Wiese, die etwas weiter von jeder Siedlung und befahrenen Straße entfernt sind. Denn es soll nicht plötzlich ein Fremder in der Gruppe stehen, aber der Lagerplatz auch nicht durch Stadtlärm oder Licht gestört werden.
Wollen Sie vor allem Sterne beobachten, wählen Sie einen Waldsaum mit Ausrichtung nach Süden und weitem Rundblick ohne störende Lichtquellen von Dörfern oder Straßen. Wollen Sie den Wald und seine Bewohner bei Nacht erleben, ziehen Sie am besten mitten in ihn hinein.

Gefahrenquellen meiden

Abhänge, Felsabbrüche und Stacheldrahteinzäunungen, Erdlöcher und Plätze unter Bäumen mit abgestorbenen Ästen in den Kronen sollten gemieden werden. Eine Walderkundung im Voraus zeigt zudem, ob wir an dem gewählten Ort die Natur nicht zu stark stören oder zerstören: Flächen mit geschützten Pflanzenarten dürfen nicht betreten werden – und auch die Wildschweinfamilie sollten wir nicht stören und daher Wildwechsel ebenso wie Futterstellen meiden!

Auf Nässe vorbereitet

In der Nähe von Gewässern wird es nachts oft sehr feucht, da dort mehr Tau fällt, – und abends ist mit Mücken zu rechnen. Gegen die Mücken helfen nur Mückenschutzmittel. Gegen Feuchtigkeit bei Nacht sind zusätzliche Decken, Planen, Plastikmüllsäcke, Erste-Hilfe-Folien und Schlafsackhüllen eine große Hilfe. Je nach Wetter kann es auch sinnvoll sein, zuvor mit den Teilnehmenden kleine Notunterkünfte aus Planen oder Laubstreuhütten zu errichten, in die bei plötzlichem Regen geflüchtet werden kann.

Nicht wild campen

Würden Sie begeistert sein, wenn eine Gruppe auf Ihrem Rasen kampiert? Sicher nicht. Sprechen Sie sich daher auf jeden Fall mit dem Forstamt oder dem Besitzer ab. Auch wenn Sie nicht zelten, was in Deutschland „wild" nicht erlaubt ist, ist eine Kontaktaufnahme unbedingt notwendig. Niemand kennt seinen Wald und die Gefahrenstellen besser als der Förster – und kann gegebenenfalls auch die Jäger über ihre Aktion informieren. Zudem ist es in manchen Bundesländern verboten, den Wald nachts ohne Absprache zu betreten. Auch Wiesen sollten nur betreten werden, wenn dies mit dem Besitzer abgestimmt ist – denn wer weiß, vielleicht will er in den nächsten Tagen mähen und findet dann nur abgeknicktes Gras vor?

Vielleicht gibt es eine waldnahe Jugendherberge oder einen Bauernhof am Waldrand, wo man bereit ist, Ihnen zu helfen.

Lagerfeuer nur mit Genehmigung

Ein Lagerfeuer ist im Wald vielerorts nicht erlaubt und bei Waldbrandgefahr gefährlich. Hier kann Ihnen ebenfalls das Forstamt weiterhelfen und Plätze nennen, wo das Entfachen von Feuer möglich ist – oder gegebenenfalls sogar eine Ausnahmegenehmigung erwirken.

Die Eltern informieren

Hierfür bietet sich ein Elternabend an, bei dem Sie für Ihr Vorhaben begeistern können und offene Punkte klären. Vielleicht kommt sogar noch ein Elternteil als zusätzliches Betreuungspersonal mit? Für die Nacht im Wald sollten Sie unbedingt mindestens drei Betreuer aufbieten. Das gibt den Kindern Sicherheit und hilft im hoffentlich nicht eintretenden „Fall der Fälle".

Klären Sie die organisatorischen Fragen:

- Wann geht es los?
- Wo ist der Treffpunkt?
- Wie kommen die Kinder an den Ort?
- Wann endet die Aktion? etc.
- Lassen Sie sich von den Eltern eine schriftliche Einverständniserklärung geben.
- Klären Sie die Versicherungsfrage. Wer haftet? Handelt es sich um eine Kindergarten- oder Schulveranstaltung?
- Für Heimwehkandidaten und für Notfälle notieren Sie alle Telefonnummern und lassen sich über Allergien und Medikamente aufklären, so dass Sie wissen, was wann zu tun ist.

Ein leckeres Frühstück als Überraschung

Besonders toll ist es für die Kinder, wenn die Eltern sie morgens mit einem leckeren Frühstück überraschen. Stellen Sie sich vor: Sie kommen mit den Kindern aus dem Wald auf eine Lichtung, wo bereits die Eltern an Tischen oder Picknicktüchern mit warmem Tee und Kakao, Brötchen und Müsli warten! Vielleicht erklärt sich ein Elternteil bereit, die Überraschung in die Hand zu nehmen?

Die Packliste

Mit einer Packliste sorgen Sie dafür, dass die Kinder und Jugendlichen alles Wesentliche dabeihaben. Und andere Dinge zu Hause lassen (z. B. Gameboy, Walkman, Alkohol, …)!

Was muss mit?
Jeder Teilnehmende benötigt in einem kleinen Rucksack, außerdem:

- Isomatte und Schlafsack
- evtl. eine zusätzliche wärmende Decke
- Regenschutz (Plane, Müllsack o. Ä.)
- feste Schuhe
- warmer Pullover, lange Hose, Jacke
- Wechselkleidung
- Mütze oder Tuch, wenn der Schlafsack keine Kapuze hat (30% des Wärmeverlustes erfolgt über den Kopf!)
- Tasse oder Becher, Teller und Besteck
- Zahnbürste und Zahnpasta (am besten aus dem Bioladen, da biologisch abbaubar)
- ggf. Medikamente und Allergiemittel
- Taschenlampe mit Ersatzbatterien
- Trinkflasche mit Wasser
- Verpflegung für den Abend

Die Leitung hat zudem dabei:

- Erste-Hilfe-Ausrüstung
- Handy und Notrufnummern
- Landkarte der Umgebung
- Mückenschutzmittel
- Zeckenzange
- eine Rolle große Müllbeutel
- Toilettenpapier und Schaufel
- weiteres Programmmaterial (z. B. Sternenkarte, Fernglas, …)

Sicherheit klären

Zum Schluss gilt es noch die Sicherheitsaspekte zu checken. Eine Absprache im Leitungsteam ist zu empfehlen:

- Wer ist für den Notruf zuständig?
- Wer kümmert sich um den Verletzten, wer um die restlichen Kinder?
- Hat jeder einen aktuellen Erste-Hilfe-Schein? Ist eine Auffrischung nötig?
- Wo ist das nächste Telefon bzw. hat das Handy überall Empfang?
- Wohin kann der Rettungswagen fahren?
- Wo kann der Rettungshubschrauber landen?

Zeichnen Sie die Orte und den Schlafplatz auf der Landkarte ein, und stellen Sie sicher, dass Sie sich auch im Dunkeln zurecht finden.

Checkliste zur Vorbereitung einer Nacht unter den Sternen	
Ortsuche	geeigneten Ort suchen mit Forstamt oder Besitzer absprechen ggf. bei Behörden oder Feuerwehr anmelden Treffpunkt klären, wie kommt man gut dorthin?
Terminsuche	Wann soll die Aktion stattfinden? Wann startet sie, wann endet sie? Ausweichtermin für schlechtes Wetter
BetreuerInnen	Wer kommt mit?
Elternabend	Information: Wann, wo, was, wieso, weshalb, warum? Für die Aktion begeistern, Unterstützer werben schriftliche Einverständniserklärung der Eltern Allergiemittel, Medikamente Telefonnummern der Eltern Versicherungsfragen klären Packliste Verpflegung besprechen
Sicherheit	Notrufwege und Zuständigkeiten vorab klären Von wo kann telefoniert werden? Hat das Handy Empfang? (Akku vorher laden!) Wohin kann der Rettungswagen fahren? Wo kann der Rettungshubschrauber landen? (auf Landkarte einzeichnen) Erste-Hilfe-Paket kontrollieren und einpacken Taschenlampe und Ersatzbatterien mitnehmen

Zu Gast im Nacht-Wald

Nachts im Wald werden viele Tiere erst aktiv. Es ist selbstverständlich, dass wie sie dabei nicht stören! Das heißt, wir sind leise und rücksichtsvoll. Am nächsten Morgen achten wir darauf, den Wald so zu verlassen, als wären wir niemals da gewesen – denn wer schmeißt schon seinen Müll in fremde Wohnzimmer oder zerstört fremde Möbel?

Die Dämmerung beobachten

Alter: ab 6 Jahren
Material: s. Checkliste (➜ S. 59)
Ort: Wald

Am späten Nachmittag treffen sich die Teilnehmenden am Waldrand. Von hier aus geht es zu Fuß bis zum Lagerplatz. Diesen gilt es erst zu erkunden und sich vertraut zu machen. Die Kinder suchen sich Schlafplätze und bereiten sie vor, so dass sich alle bereits im Hellen zu Hause fühlen.
Die Dämmerung als Einstimmung in die Nacht nutzen – und als feierlichen Ausklang des Tages. Wer einen Sonnenuntergang in all seiner Pracht beobachtet, kann die besinnliche, feierliche Bedeutung des Feier-Abends verstehen.
In kleinen Gruppen suchen sich die Kinder einen Platz im Wald oder am Waldrand und nehmen die Umgebung mit allen Sinnen wahr. Was passiert? Was verändert sich mit der Dämmerung?

Geräusche wahrnehmen

Alter: ab 6 Jahren
Material: Karteikarten, Stifte
Ort: Wald

Die Kinder werden mucksmäuschenstill. Sie konzentrieren sich ganz auf ihre Ohren. Sie zählen an den Fingern die Geräusche, die sie rund um sich herum wahrnehmen, und machen sich gegenseitig durch Zeigen aufmerksam.
Sind die Ohren bereits etwas geschärft, greifen sie zu Karteikarte und Stift und schreiben oder malen die Geräusche auf.

- Wer hört den Wind in den Weiden?
- Die Amsel verabschiedet sich laut vom Tag – was ist zu hören, wenn sie verstummt?
- Unterscheiden sich die Geräusche auf der Wiese und im Wald?

Himmels-Splitter

Die Zwerge lieben Sonnenuntergänge sehr. Deswegen tapezieren sie ihre Höhlen am liebsten in den Farben des Himmels bei Sonnenuntergang. Abends treffen sie sich draußen bei Liliput und suchen genau die Farben aus den Papierschnipseln aus, die sie im Sonnenuntergang sehen.

Alter: ab 5 Jahren
Material: bunte Schnipsel in vielen Farbübergängen, Karton, Kleber
Ort: draußen (mit Blick auf den Sonnenuntergang)

Die Spielleitung erzählt die Geschichte vom Zwerg Liliput, der im Sommer Tag für Tag Farben für die grauen Wintertage sammelt. Dazu fertigt Liliput lauter kleine Papierschnipsel in allen Farben an. Ein paar davon hat die Spielleitung zufälligerweise heute gefunden und streut sie vor den Kindern aus.

Die Kinder machen es wie Liliput: Sie suchen die Farben aus, die sie im Sonnenuntergang sehen. Die ausgewählten Schnipsel kleben sie auf ein Stück festen Karton und nehmen sie als Erinnerung an den Sonnenuntergang mit.

Für Schlaufüchse: Woher kommen die Farben am Abendhimmel?

Licht besteht aus Wellen (➜ S. 33, Licht und Schatten). Die Wellenlänge des Lichts bestimmt dabei die Farbe des Lichts, die wir wahrnehmen. Lichtstrahlen mit einer Wellenlänge um die 400 Nanometer erzeugen im Auge einen violetten Farbeindruck, Lichtstrahlen mit Wellenlängen um 700 Nanometer erscheinen dagegen rot.
Am Abend steht die Sonne sehr schräg am Himmel, wodurch der Weg der Strahlen durch die Erdatmosphäre besonders lang ist. Dabei werden die kurzwelligen blauen und grünen Anteile des Lichts stärker gestreut, während die langwellige gelbe und rote Strahlung zu einem größeren Teil bis zu uns als Beobachter gelangt. Dadurch entsteht unser Eindruck vom Abendrot.

Die Farben des Himmels

Alter: ab 5 Jahren
Material: Papier, Malunterlagen, Wasser- oder Aquarellfarben, Pinsel
Ort: draußen (mit Ausblick auf den Sonnenuntergang)

Die Kinder setzen sich an den Waldrand mit Blick auf den Sonnenuntergang. Dies ist ihr Atelier. Wo genau wird die Sonne wohl untergehen? Die Kinder geben ihre Schätzungen ab. Dann fangen sie den Sonnenuntergang mit seiner Farbenpracht und den genauen Himmelsfarben während eines bestimmten Zeitabschnittes auf ihrem Papier ein. Die Kinder entscheiden selbst, wann sie beginnen zu malen. Die Serie der Zeichnungen aller Kinder spiegelt dann den gesamten Sonnenuntergang wieder.

Tiere in der Dämmerung

Zur Dämmerung kommt Bewegung in den Wald. Viele nachtaktive Tiere gehen auf Nahrungssuche und verlassen dazu ihre Verstecke. Diese Wildtiere zu beobachten ist ein ganz besonderes Erlebnis.

Alter: ab 8 Jahren
Material: Isomatte, Decke, Fernglas, Taschenlampe (für den Rückweg)
Ort: Waldrand

Die Kinder suchen sich einen Beobachtungsplatz, an dem sie eine Wiese am Waldrand oder eine größere Lichtung im Auge haben und zugleich selber nicht gesehen werden können. Der Wind muss dabei von vorne wehen, damit die Wildtiere sie nicht schon von Weitem riechen und gar nicht erst erscheinen.
Am Beobachtungsplatz machen es sich die Kinder zu zweit oder zu dritt gemütlich: Sie müssen hier lange ausharren können. Eine Isomatte gegen die Kälte vom Boden, eine Decke zum Einkuscheln und ein Fernglas staffieren den Beobachtungsplatz aus.
Jetzt fängt die Geduldprobe an. Ganz still wird gewartet und dabei die Wiese in der Dämmerung betrachtet. Wagt sich ein Tier hervor?
Es kann lange dauern, bis ein Wildtier hervortritt, zumal das Einrichten auf dem Beobachtungsplatz als Störung durchaus wahrgenommen wurde. Dennoch hat sich alle Geduld gelohnt, sobald ein Rehbock heraustritt und die Kinder ihn aufgeregt staunend betrachten! Und auch ansonsten lassen sich viele „Kleinigkeiten" beobachten: ein kreisender Greifvogel, eine Maus, die durch das Gras raschelt, ein Igel im Gebüsch, …

Nachts allein im Wald? – Stille tanken

Für die meisten von uns ist die Dunkelheit im Wald mit Ängsten verbunden. Angst vor gefährlichen Tieren, Angst vor unseren Fantasiegeschöpfen (wie im Keller oder unter dem Bett), Angst vor dem Alleinsein. Lernen wir jedoch, mit diesen Ängsten umzugehen, werden die potentiellen Gefahren relativiert und wir können über die eigenen „Monster" lachen. Dann bietet die Nacht im Wald neue Möglichkeiten, Stille zu erleben und sich selbst zu begegnen.

Die Dunkelheit um uns herum, die unbekannten Geräusche, die intensive Wahrnehmung mit unseren Sinnen, der Blick in den Sternenhimmel – unsere Rolle als „Mittelpunkt" der Welt wird bei einer erlebten Nacht in der Natur relativiert. Was bleibt, ist das Gefühl, in dem gewaltigen Kosmos und in der Natur eingebunden zu sein, einen kleinen, durchaus wichtigen, aber eben nicht den zentralen Platz, einzunehmen.

Alter: ab 10 Jahren
Material: Isomatte, Decke, Taschenlampe
Ort: Wald

Je nach Alter und Vorerfahrung der Teilnehmenden kann die Aktion „Allein im Wald" fünf Minuten oder bis zu mehreren Stunden dauern. Die Kinder und Jugendlichen suchen sich einen ruhigen Platz an einem Baum und machen es sich, soweit es geht, gemütlich.
Um ihnen den Einstieg zu erleichtern, erhalten sie eine Aufgabe. So können sie z. B. Geräusche zählen oder mit Fragen starten:

- „Wie war der Tag für dich?"
- „Was hast du erreicht?"
- „Was wünscht du dir noch?"
- „An wen oder was denkst du besonders gerne?"

Mondnacht

von Joseph Freiherr von Eichendorff (1788–1857)

Es war, als hätt der Himmel
Die Erde still geküsst,
Dass sie im Blütenschimmer
Von ihm nun träumen müsst.

Die Luft ging durch die Felder,
Die Ähren wogten sacht,
Es rauschten leicht die Wälder,
So sternklar war die Nacht.

Und meine Seele spannte,
Weit ihre Flügel aus,
Flog durch die stillen Lande,
Als flöge sie nach Haus.

Nacht-Gedicht

Alter: ab 8 Jahren
Material: Papier, Stift, Schreibunterlage
Ort: draußen

Die Kinder fangen die Nacht mit allen Sinnen ein: die Geräusche, Gerüche, die Schatten und Schemen, …
Dabei notieren sie möglichst beschreibende Begriffe, z. B. dunkel, knisternd, rauschend, glänzend, flutend, ... Im Anschluss schreiben sie aus den Wörtern ein Nachtgedicht.

Tipp

Das Gedicht kann auch als Abschluss der Aktion „Allein im Wald" in kleinen Gruppen gemeinsam entstehen. Hierzu tragen die Kinder zuerst ihre Eindrücke und Begriffe zusammen, um dann daraus das Gedicht zu erschaffen. Wichtig ist der Hinweis, dass ein Gedicht sich nicht unbedingt reimen muss, sondern dazu da ist, unser Gefühl widerzuspiegeln.

Ein Lagerfeuer errichten

Lagerfeuer und Feuerstellen

Ein Lagerfeuer macht den Abend draußen in der freien Natur so richtig gemütlich! Das Feuer schafft Licht, wärmt und gibt uns Sicherheit vor „wilden Tieren". Selbst vor Wölfen fühlen wir uns sicher – nun, das könnten wir natürlich auch sonst, denn Wölfe greifen uns nicht einfach an, da wir nicht in ihrem Beutespektrum liegen. Und ein gutes Gefühl gibt uns das Feuer allemal. Zudem ist der Kreis um das Feuer eine schöne Erfahrung von Gemeinschaft.

Alter: ab 5 Jahren
Material: Streichhölzer, Zeitungspapier als Anmachhilfe, Wachs von Kerzenresten, evtl. Sand- oder Backsteine, Spaten, Feuerlöscher, Löscheimer mit Wasser, Löschdecke, Mülltüte
Ort: draußen (z. B. Grillplatz)
Vorbereitung: Da Feuer im Wald nicht erlaubt ist, einen geeigneten Ort (z. B. Waldgrillplatz) suchen und die Aktion mit dem zuständigen Forstamt bzw. Besitzer, der Feuerwehr und dem Ordnungsamt absprechen. Ist die Genehmigung erteilt, kann es losgehen!

Eine vorhandene Feuerstelle „restaurieren"
Viele Waldgrillplätze haben eine eigene Feuerstelle. Vor der Nutzung diese unbedingt warten:
1. Achten Sie darauf, dass die Feuerstelle mit z. B. Sand- oder Backsteinen begrenzt ist. Vermeiden Sie Kalkstein. Kalkstein zerspringt bei Erhitzung und kann kleine, scharfkantige Geschosse bilden.
2. Entfernen Sie Müll, Asche und die Reste des Feuers der Vorgänger.

Vorsicht! Wurde die Feuerstelle erst vor Kurzem benutzt, kann sich noch Glut in dem Material befinden – Waldbrandgefahr!

Eine Feuerstelle anlegen
Haben Sie mit den zuständigen Ämtern abgeklärt, dass Sie selber eine Feuerstelle anlegen, können Sie wie folgt vorgehen:
- Suchen Sie einen geeigneten Ort. Achten Sie dabei darauf, dass keine Brandgefahr durch Funkenflug besteht und errichten Sie keine Feuerstelle unter oder in der Nähe von den Ästen eines Baumes (Richtwert: 10 m Abstand halten).
- Tragen Sie mit dem Spaten die Humusschicht bzw. die Grasschicht ab. Grassoden ca. 20 cm tief ausstechen und in der Nähe kühl und feucht lagern. Sie werden anschließend wieder auf die Feuerstelle gelegt, damit sich die Grasnarbe nach der Aktion schnell wieder schließen kann und keine zufälligen Besucher zu einer weiteren Nutzung „eingeladen" werden.
- Entfernen Sie Wurzeln, die einen unterirdischen Brand auslösen können.
- Begrenzen Sie die Feuerstelle mit Steinen (Sand- oder Backsteine, keine Kalksteine) oder Lehm nach außen, so dass sich keine Glut nach draußen fressen kann.

In die Nähe der fertigen Feuerstelle Feuerlöscher, Wassereimer und Löschdecke griffbereit platzieren. Feuer vorbereiten und entzünden.

Die schwebende Feuerstelle

Mit jeder Feuerstelle wird der darunter liegende Boden, der von vielen Mikroorganismen bewohnt wird, abgetötet. Es dauert Jahre, bis die Natur diese „Narbe" wieder geheilt hat. Eine Alternative zur Feuerstelle bildet daher die Feuerschale (im Handel erhältlich) oder die selbst gebaute schwebende Konstruktion.

Sechs bis acht starke Astgabeln in den Boden graben (Abb. 1). Auf ihnen aus möglichst stabilen Ästen eine Plattform errichten (Abb. 2). Diese Plattform mit einer 10 bis 20 cm dicken Lehmschicht bedecken (Abb. 3). Den Rand zur Begrenzung etwas höher ziehen – er kann auch zum Ablegen eines Rostes genutzt werden (Abb. 4).

Das Feuer entfachen

Es klingt immer ganz einfach – und dann brennt es doch nicht gleich an …

Erfolgreich Feuer zu machen benötigt ein wenig Erfahrung und eine Reihe von Tricks. Hilfreich sind Zeitungspapier und Wachs von Kerzenresten als unterstützendes Anfeuerungsmaterial. Ist beides nicht zur Hand, helfen harzhaltige Nadelbäume weiter.

- Trockenes, strohähnliches Gras und Birkenrinde als Anbrennstoffe in die Mitte der Feuerstelle legen.

- Ein paar trockene untere Äste von Tanne und Fichte abbrechen und als kleinen, dichten Stapel hinzu tun.
- Aus trockenen Ästen darauf ein „Zelt" errichten.
- Auf der Seite, von welcher der Wind weht, mit Streichhölzern oder Feuerzeug Anbrennstoffe und die Nadelholz-Zweige entfachen. Dadurch, dass die Nadelhölzer viel Harz enthalten, brennen sie wie Fackeln und können das restliche Holz entzünden.
- Bei Windstille das Feuer möglichst gleichmäßig anblasen.

Tipp
Bei schwierigen Verhältnissen eine Wachsfackel oder einen Kerzenstummel zum Entzünden des Holzes benutzen. Auch Holzlocken lassen das Holz schneller Feuer fangen.

Feuer-Regeln

Feuer und Kokeln sind ein Kindertraum – aber auch nicht ungefährlich. Daher gelten am Lagerfeuer ein paar Regeln, auf die genau geachtet werden muss.

- Das Feuer bleibt beim Kokeln immer innerhalb des Steinkreises. Glühende Stöcke dürfen nicht nach draußen genommen werden, sondern müssen vorher innerhalb des Kreises gelöscht werden.
- Die Kokel-Stöcke dürfen nicht höher als kniehoch gehoben werden, um Augen, Haare und Jacken anderer Kinder nicht zu gefährden.
- Keine Funken schlagen.

- Am Feuerplatz nicht laufen, drängeln oder schubsen.
- Auf die Kleidung achten – möglichst keine Kunststoffjacken tragen.
- Feuer nicht zu groß werden lassen – es muss beherrschbar bleiben.
- Feuer nie unbeaufsichtigt lassen.
- Flüssige Brennmittel (Spiritus, Benzin & Co.) haben nichts am Feuer oder in dessen Nähe verloren!
- Vor dem Verlassen des Feuers muss dieses vollständig heruntergebrannt und mit Wasser oder nasser Erde gelöscht sein. Große Holzstücke glühen noch lange nach und können leicht vom Wind wieder entfacht werden. Mit der Hand testen, ob alles aus ist.
- Bei Waldbrandgefahr (großer Trockenheit) kein Feuer machen.

Die Feuerwache

Alter: ab 10 Jahren
Ort: am Feuerplatz

Soll das Feuer die ganze Nacht über brennen, um die Teilnehmenden zu wärmen, immer zwei Kinder für die Feuerwache bestimmen. Sie bleiben für eine Stunde wach, unterhalten sich leise und kümmern sich um das Feuer. Das heißt, sie sorgen dafür, dass es weder verhungert, noch zu groß wird. Nach einer Stunde wecken sie das nächste Wächter-Duo und legen sich selbst auf's Ohr.

Bei der Feuerwache entsteht für die Wächter eine besondere Stimmung. Sie übernehmen Verantwortung für die restliche Gruppe, sorgen für deren „Schutz" und haben zugleich Zeit für intensive Gespräche. Es ist eine sehr verantwortungsvolle Aufgabe – und sollte daher nur eingesetzt werden, wenn Sie die Gruppe bereits gut kennen und ihr vertrauen können.

Ein Dach über dem Kopf

Alter: ab 6 Jahren
Material: Planen (z. B. aus dem Baumarkt); Ästchen, Laubstreu
Ort: im Wald

Nicht immer spielt das Wetter mit. Deshalb ist es oft sinnvoll, in der Nähe des Lagerplatzes Notunterkünfte vorzubereiten. Geeignete Hilfsmittel hierfür sind Planen, wie es sie in jedem Baumarkt gibt. Sie lassen sich je nach Umgebung als Schutzdächer oder Zelte aufspannen.

Variante

Natürlich lassen sich auch Hütten aus Naturmaterialien bauen. Wichtig ist hierbei: Kein lebendes Material benutzen. Es finden sich genügend bereits gefallene, tote Äste in jedem Wald.
Zuerst ein stabiles Gerüst aus starken Ästen anfertigen. Auf dieses Gerüst dünnere, verzweigte Ästchen legen. Diese schließlich mit Laubstreu dicht abdecken.

Fichtendach
Ein Glücksfall ist es, wenn im Fichtenwald frisch geästet wurde und noch grün benadelte Fichtenzweige auf dem Boden liegen. Mit diesen lässt sich ein regendichtes Dach fertigen, indem die Zweige in mehreren Schichten über ein Astgerüst gehängt werden.

Das gemütliche Bett

Weich und warm schläft es sich gut!

Alter: ab 6 Jahren
Ort: Wald

Die Kinder fertigen einen Bettkasten an, indem sie die Schlafstelle mit aufgeschichteten Stöcken begrenzen. Innerhalb dieser Abgrenzung die Matratze bauen: Laubstreu, Heu oder Fichtenzweige bilden ein weiches, dichtes Bett. Auch hier gilt: kein lebendes Material benutzen!

Selbstgebackenes am Lagerfeuer

Bratapfel am Stock

Material: Apfel, dünne und stabile Stöcke, Taschenmesser; evtl. Honig, Mandeln, Teller

Den Apfel auf einen starken, dünnen Stock spießen und über die Glut (nicht in die Flammen) halten. Er ist fertig, wenn er weich wird und aufplatzt und kann direkt vom Stock geknabbert oder mit Honig und Mandeln vom Teller gegessen werden.

Stockbrot und Brotfladen

Material: Brotteig (Mehl, Hefe, Wasser, eine Prise Salz), Stock, Taschenmesser; evtl. Marmelade, Butter

Stockbrot

Für das Stockbrot den Brotteig schlangenförmig um die sauber geschnitzte Spitze des Stockes wickeln. Das Brot über der Glut backen, dabei regelmäßig drehen. Es ist gar, sobald es sich kross wie ein Brötchen anfühlt und vom Stock abstreifen lässt. Den so entstandenen Hohlraum mit Marmelade füllen oder mit Butter bestreichen.

Brotfladen

Für die Brotfladen flache Steine in die Nähe der Glut schieben. Auf ihnen die Fladen ausbreiten. Regelmäßig wenden. Sobald sie kross sind, wie Fladenbrot essen.

Käse-Spieße

Material: dünner Stock, Taschenmesser, Brotstücke, Käsestücke

Brot und Käse abwechselnd auf den Stock pieksen und vorsichtig über der Glut erwärmen, bis der Käse schmilzt.

Gegrillte Maiskolben

Material: Maiskolben in den Blättern, Grillrost, Butter, Salz

Den Mais in den Blättern belassen und auf einen Grillrost über die Glut legen. Etwa 20 Minuten lang garen lassen. Dann schälen und mit Butter und Salz verzehren.

Tipp

Umweltschädliche Alu-Folie vermeiden! Statt dessen Maisblätter zum Einwickeln nutzen oder – z. B. bei Kartoffeln – Ton und Lehm, den Sie direkt vor Ort finden.

Wenn die Nacht verschwindet

Die Morgendämmerung bringt wieder Licht ins Dunkel, die Nacht weicht dem Tag. Es ist ein ganz besonderer Augenblick für alle, nach der intensiv erlebten Nacht den Tag kommen zu sehen. Die Luft ist sehr klar – der Tag wirkt frisch und rein. Es wird heller, es wird wärmer, vertraute Geräusche kehren wieder.

Die Vogeluhr – wie alles erwacht

Bereits vor der Morgendämmerung beginnen die ersten Vögel zu singen. Während der Paarungszeit und bis zur Sommersonnenwende (Ende Juni) ist das Vogelkonzert besonders intensiv. Ein Vogel nach dem anderen erwacht, jede Art hat einen genauen arteigenen Zeitplan, nach dem sie zu singen beginnt. Diesen Zeitplan halten die Vögel bei gutem Wetter auf die Minute genau ein! Nur bei schlechter Witterung, z. B. wenn der Himmel dunkel bedeckt ist, kann sich der Gesang verzögern oder fällt ganz aus.

Alter: ab 8 Jahren
Material: Uhr
Ort: Wald

Vorbereitung

Bei einer Vorexkursion am Morgen zuvor schreibt die Leitung der Aktion die Uhrzeiten auf, wann welche Vogelart zu singen beginnt und wo sie besonders gut zu hören sind. Im Frühjahr geht die Sonne Tag für Tag ein bis zwei Minuten früher auf – entsprechend verschiebt sich der Zeitplan des Vogels ein Stückchen nach vorne.

Bei Sonnenaufgang um 5:30 Uhr Mitte Mai sieht die Vogeluhr aus wie hier abgebildet. Wann die Vögel mit dem Gesang genau beginnen, hängt vom Zeitpunkt des Sonnenaufgangs ab. Dieser richtet sich wiederum nach Datum und Breitengrad. Das Rotkehlchen als Beispiel: Am 1. März singt es in München ab 4:35 Uhr, in Hamburg eine Stunde später, aber immer 1 Stunde und 20 Minuten vor dem Sonnenaufgang.

Die Kinder, die die Vogeluhr erleben wollen, bereits vor Tagesanbruch wecken. Sie legen sich lauschend auf die Erde, während die „Expeditionsleitung" erläutert, wer als nächstes zu hören ist und woran sich seine Stimme erkennen lässt. Dabei erhöht er mit Blick auf die Uhr die Spannung: „Noch zwei Minuten .... noch eine Minute ....", bis der Gesang erschallt. Den Gesang der Rotkehlchen wird niemand wieder vergessen!

Tipp

Sind Sie sich mit Vogelstimmen nicht sicher, fragen Sie bei den örtlichen Naturschutzgruppen nach einem Experten! Viele führen im Rahmen ihres ehrenamtlichen Engagements gerne Exkursionen zur Vogeluhr durch.

4:00 Uhr	Gartenrotschwanz
4:10 Uhr	Rotkehlchen
4:15 Uhr	Amsel
4:20 Uhr	Zaunkönig
4:30 Uhr	Kuckuck
4:40 Uhr	Kohlmeise
4:50 Uhr	Zilpzalp
5:00 Uhr	Buchfink
5:20 Uhr	Spatz
5:30 Uhr	Sonnenaufgang!
5:40 Uhr	Star

Für Schlaufüchse: Wieso singen die Vögel zu unterschiedlichen Zeiten?

Die Vogelarten wachen zu unterschiedlichen Zeiten auf. Ein bestimmter Grad der Morgendämmerung ist für sie ein jeweils artspezifischer Weckreiz. Das Singen der Vögel zu unterschiedlichen Zeiten dient der Revierabgrenzung. Würden alle zur selben Zeit singen, wäre es schwierig zu unterscheiden, wo das nächste Männchen sitzt. So ist der Ruf deutlich zu erkennen.

Die Uhrzeit anhand der Vögel bestimmen

Alter: ab 8 Jahren
Material: Uhr
Ort: Wald

Die Vogeluhr lässt sich nicht nur erleben. Anders herum können wir die Uhrzeit auch nach den Vögeln bestimmen. Wer durch den Gesang der Rotkehlchen aufwacht, weiß so, dass es erst kurz nach 4 Uhr ist – er sollte also in der Regel wieder die Augen schließen und noch ein paar Stunden ruhen. Der Buchfink hingegen kündigt schon den baldigen Sonnenaufgang an. Wer ihn beobachten möchte, sollte bei seinem Gesang aus den Federn kriechen.

Beim Morgenspaziergang Kräuter für den Tee sammeln

Meist ist es morgens noch zu kalt, um lange sitzen zu bleiben und den Sonnenaufgang zu betrachten. So eignet sich der Morgen, um einen Spaziergang durch taufrisches Gras zu machen und dabei Kräuter für den Tee zu sammeln. Früh am Morgen enthalten die Kräuter noch die meisten ätherischen Öle.

Alter: ab 6 Jahren
Material: kleine Sammelbeutel, ggf. Bestimmungsbuch, Topf, Honig, Tassen
Ort: draußen

Gemeinsam geht die Gruppe los, um Pflanzen für den Tee zu sammeln. Für Tee eignen sich z. B. die Blätter der Minze, Schafgarbe, Brombeere, Himbeere und Brennnessel.
Achtung: Nur Pflanzen sammeln, die bekannt sind! Die Blätter der Pflanzen kontrollieren, damit sich keine giftigen einschleichen, Wasser zum Kochen bringen und die Blätter hineinwerfen. Mehrere Minuten kochen lassen. Mit Honig nach Wunsch süßen.

Jeder Mensch braucht Schlaf

Trotz allem Abenteuer sollten wir nicht vergessen: Schlaf ist für uns Menschen lebensnotwendig. Kinder brauchen mindestens vier Stunden Schlaf in der Nacht – koppeln Sie daher nicht direkt Aktionen, die sich weit in den Abend hineinziehen mit der Vogeluhr. Nehmen Sie sich lieber mehrere Tage Zeit. Nach der Vogeluhr und einem abschließenden Frühstück fällt in der Regel die Müdigkeit über alle her. Auch hier hilft nur Schlaf – planen Sie keine Aktionen für den Vormittag! Besser, es geht direkt in einen dunklen, kuscheligen Raum, um noch einmal auszuruhen. Je dunkler, desto schneller kommen die Kinder wieder zur Ruhe und holen den Schlaf nach. Schon mittags können sie dann wieder quicklebendig sein.

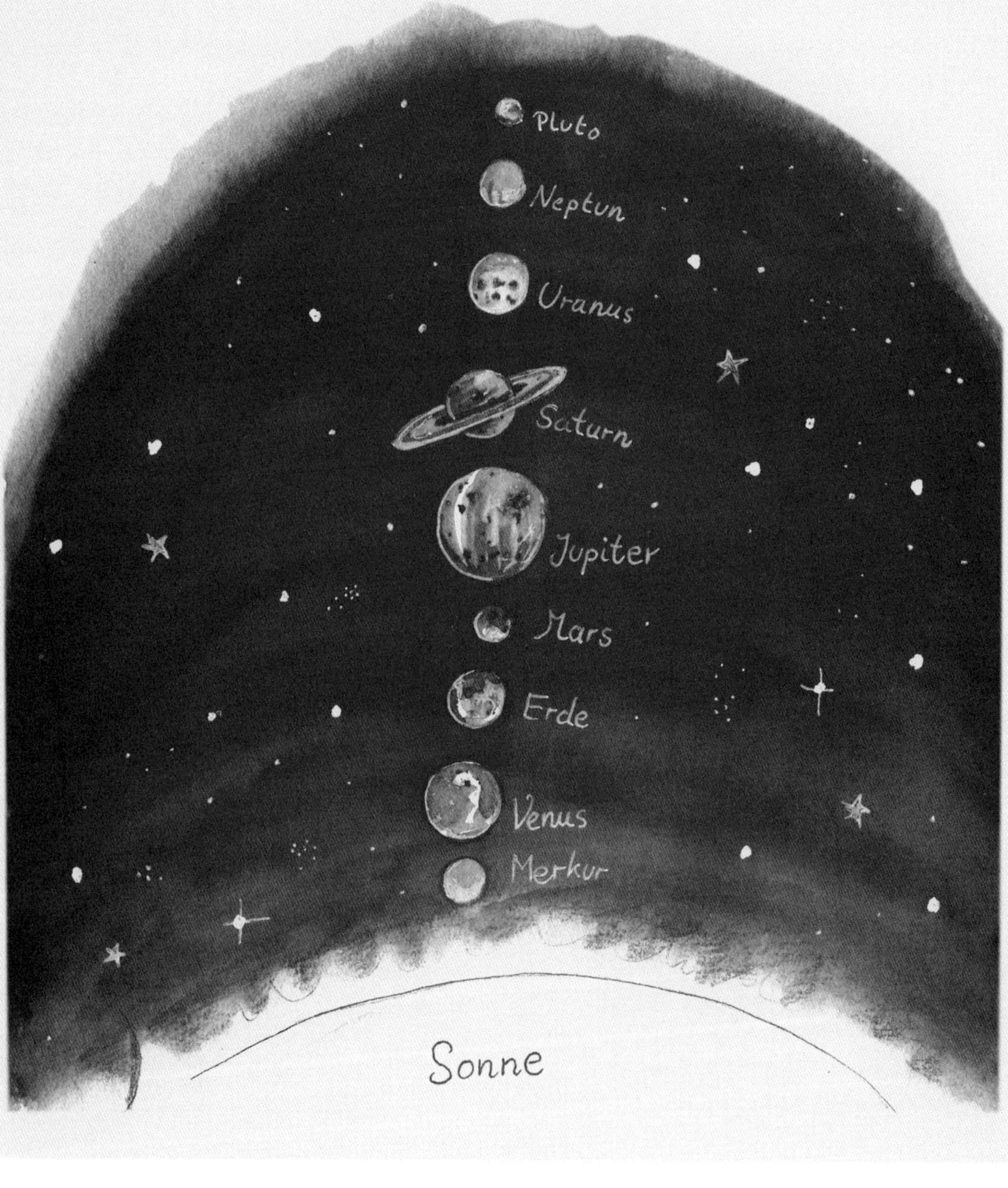

Mondenkind und Sternenbilder

Sterne am klaren Himmel bei einer Nachtwanderung zu bewundern, ist immer wieder ein Erlebnis. Am besten eignet sich hierfür eine Nacht bei abnehmendem Halbmond bis drei Tage nach Neumond – die Sterne werden so vom hellen Mond nicht „überstrahlt". Ebenso ist es sinnvoll, sich nicht in der Nähe von Lichtquellen, die auch den Himmel erhellen (z. B. Städte), aufzuhalten. Je weniger Licht und je klarer die Luft, desto mehr Sterne lassen sich beobachten.

Was benötigt man noch? Vor allem warme Kleidung ist gefragt! Wenn die Kinder dreimal so viel Kleidung anziehen, wie nötig, ist meist auch das noch zu kalt. Packen Sie daher zusätzlich warmen Tee, Decken und Isomatten ein.

Kleine Himmelskunde

Die Begriffe, die unser Universum beschreiben, kommen uns erst einmal sehr fremd vor. Was ist ein Stern, was ein Planet? Woraus besteht die Milchstraße? Und ist die Sonne ein Stern?

Generell liegt ein hierarchischer Aufbau bei der Namensgebung zugrunde.

1. Monde umkreisen Planeten. So umkreist „unser" Mond den Planet Erde.
2. Planeten kreisen um eine Sonne, so wie die Erde „unsere" Sonne umkreist.
3. Das jeweilige Sonnensystem kreist mit einer Milliarde anderer Sonnensysteme um das Milchstraßenzentrum.

Die Erde selbst ist ein Teil der Milchstraße, ebenso wie alle Sterne und Planeten, die wir am Himmel mit dem Auge sehen können. Die Milchstraße sieht für uns wie ein flaches Band am Himmel aus, da wir sie von der Seite sehen. Eigentlich ist sie jedoch eine flache, runde Scheibe, die sich aus vielen, vielen Sonnensystemen zusammensetzt.

Was sind Sterne?

Sterne sind riesige Kugeln aus glühendem Gas. In ihrem Inneren kam es durch immense Hitze zur Kernfusion – Sterne geben daher Licht und Wärme ab. Auch unsere Sonne ist ein Stern. In ihrem Mittelpunkt herrschen Temperaturen von 15 Millionen Grad!

Sterne unterscheiden sich von Planeten in Größe und Temperatur. Planeten sind kleiner und kühler, so dass es in ihrem Inneren nie zu einer Kernfusion kam. Sie leuchten daher nicht selber, sondern werden von den Sternen rundherum beleuchtet, so z. B. die Erde von der Sonne.

Die Planeten unseres Sonnensystems

Neben dem Planeten Erde besitzt unser Sonnensystem acht weitere Planeten: den Merkur, die Venus, den Mars, den Jupiter, den Saturn, den Uranus, den Neptun und den Pluto. Uranus, Neptun und Pluto sind so weit von der Erde entfernt, dass sie nur mit dem Fernrohr zu sehen sind. Die anderen gehören jedoch zu den hellsten Objekten an unserem Himmel, weil sie recht nahe sind. Keiner der Planeten unseres Sonnensystems, mit Ausnahme der Erde, ist bewohnt, auf keinem sonst hat sich Leben entwickelt.

Einige der Planeten besitzen auch einen oder mehrere Monde wie die Erde.

Für Schlaufüchse: Wie merke ich mir die Reihenfolge der Planeten?

Hier hilft ein Merkspruch, bei dem jeweils die Anfangsbuchstaben der Worte mit den Anfangsbuchstaben der Planeten übereinstimmen:

Mein **V**ater **e**rklärt **m**ir **j**eden **S**onntag **u**nsere **n**eun **P**laneten: ***Merkur, Venus, Erde, Mars, Jupiter, Saturn, Uranus, Neptun, Pluto***

Alles bewegt sich in runden Bahnen: Planeten-Choreographie

Alter: ab 8 Jahren
Material: Pappe oder Papier, Malsachen
Ort: draußen oder in einem sehr großen Raum

Auf Pappe oder Papier malt jedes Kind jeweils einen der neun Planeten. Dabei versuchen die Kinder die Größenverhältnisse der Planeten untereinander in etwa einzuhalten. Aus einem Papierstreifen fertigen die Kinder einen Stirnreif an.
Vorne auf den Stirnreif kleben sie ihre Planetenbilder auf – das Kind wird so zu Uranus, Mars, Erde …
Eines der Kinder spielt eine besondere Rolle: Es ist ein Stern, die Sonne.
Die Sonne stellt sich strahlend in die Mitte eines großen Platzes auf.
Die Planeten nehmen ihre Plätze ein:
Merkur ist der Sonne am nächsten in etwa zwei Schritt Abstand. Er kreist recht schnell um die Erde und soll daher nach dem gemeinsamen Startzeichen um die Erde rennen.
Venus folgt in etwa fünf Schritt Abstand. Sie kreist etwas langsamer als Merkur, aber dennoch sehr zügig um die Sonne.
Die Erde beschreibt ihren Kreis in etwa zehn Schritt Abstand von der Sonne. Zügig, aber langsamer als die Venus.
Mars geht mit 14 Schritt Abstand seine Bahn.
In 20 Schritt Entfernung von der Sonne kommt Jupiter, ruhig und besonnen, Schritt für Schritt.
Etwa 24 Schritt entfernt, bewegt sich langsam trippelnd Saturn auf seiner Bahn.
Uranus, Neptun und Pluto folgen jeweils noch vier Schritt weiter außerhalb auf den drei entferntesten Bahnen, einer langsamer als der Vorgänger.
Auf ein Startzeichen beginnt der Tanz der Planeten gegen den Uhrzeigersinn um die Sonne! Die Planeten können immer wieder die Rollen tauschen.
Welche Planeten sind von der Erde aus gerade zu sehen?

Der (Erden-)Mond

Der Mond kreist um die Erde. Für eine Umrundung benötigt er etwas weniger als einen Monat (27,5 Tage). Dabei sehen wir immer dieselbe Seite des Mondes, da die Rotationsperiode des Mondes seiner Umlaufzeit um die Erde entspricht.
Von der Erde aus sichtbar ist der Mond in verschiedenen Mondphasen: abnehmender Mond, Neumond, zunehmender Mond, Vollmond. Wie diese Mondphasen entstehen, lässt sich am besten nachvollziehen, wenn die Kinder die Mondwanderung nachspielen.

Alter: ab 6 Jahren
Material: starke Lampe
Ort: draußen oder in einem sehr großen Raum

Alle Teilnehmenden bis auf einen bilden eng zusammenstehend die Erde.
Um sie herum kreist eine Person mit dem Gesicht nach innen als Mond.
Mit einer starken Lampe stellt die Spielleitung von einer Seite die Sonne dar.
Liegt das Gesicht des Mondes im Schatten, sprechen wir von Neumond.
Wird es seitlich beschienen, sehen wir den ab- oder zunehmenden Mond.
Fällt das Licht direkt ins „Mondgesicht", sehen wir den Vollmond.

Beobachtung des Mondes

Jüngeren Kindern fällt es sehr schwer, in dem Wirrwarr an Sternen und Planeten Sternbilder zu erkennen. Beobachtungen des Mondes sind viel augenfälliger und für sie spannender.

Alter: ab 5 Jahren
Ort: draußen

Alle Teilnehmenden beobachten den Mond und diskutieren folgende Fragen:

- Nimmt der Mond zu oder ab? Woran ist das zu erkennen?
- Wo verläuft seine Bahn? Wo ist er über den Horizont gekommen, wo ist der höchste Punkt der Bahn, wo wird er wieder verschwinden?
- Wo sieht der Mond größer aus: direkt über dem Horizont oder oben am Himmel? (Am Horizont erscheint er aufgrund einer optischen Täuschung größer.)
- Wie lang sind die Schatten, die der Mond wirft? Verändern sie sich mit seinem Lauf über den Himmel?
- Was lässt sich auf dem Mond erkennen? Sind die großen Ebenen, Schluchten und Gebirge zu sehen? Und gibt es einen Mann im Mond?

Tipp

Wenn der Mond immer mehr zunimmt, sieht die Mondsichel wie der untere Teil des Buchstabens z (wie in „zunehmend") aus. Bei „abnehmendem" Mond ist die Sichel wie ein a gekrümmt.

Der Mond als Kompass

Alter: ab 8 Jahren
Material: Uhr
Ort: draußen

Wo ist Süden, wo ist Norden? Die Himmelsrichtung lässt sich in der Nacht anhand der Mondphase und der Uhrzeit bestimmen. Hierzu betrachten die Teilnehmenden den Mond um 18:30 Uhr.
Der zunehmende Halbmond ist um 18:30 Uhr genau im Süden zu sehen. Der Vollmond erscheint hingegen um 18:30 Uhr im Osten (s. Abb.).

Vorsicht! Bei Sommerzeit findet das jeweils eine Stunde später statt.

	Neumond		zunehmend		voll		abnehmend	
	29. Tag	4./5. Tag	8. Tag	11./12.	15. Tag	18./19.	22. Tag	25./26.

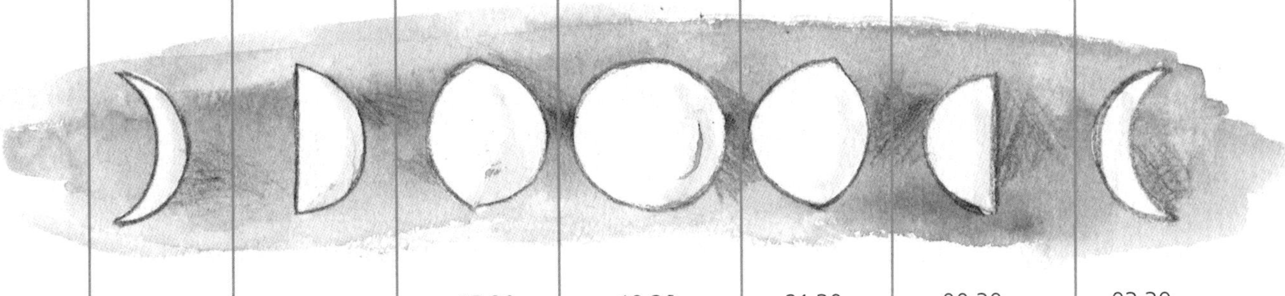

	29. Tag	4./5. Tag	8. Tag	11./12.	15. Tag	18./19.	22. Tag	25./26.
Ost				15:30	18:30	21:30	00:30	03:30
Süd			18:30	21:30	00:30	03:30	06:30	
West		21:30	00:30	03:30	06:30	09:30		

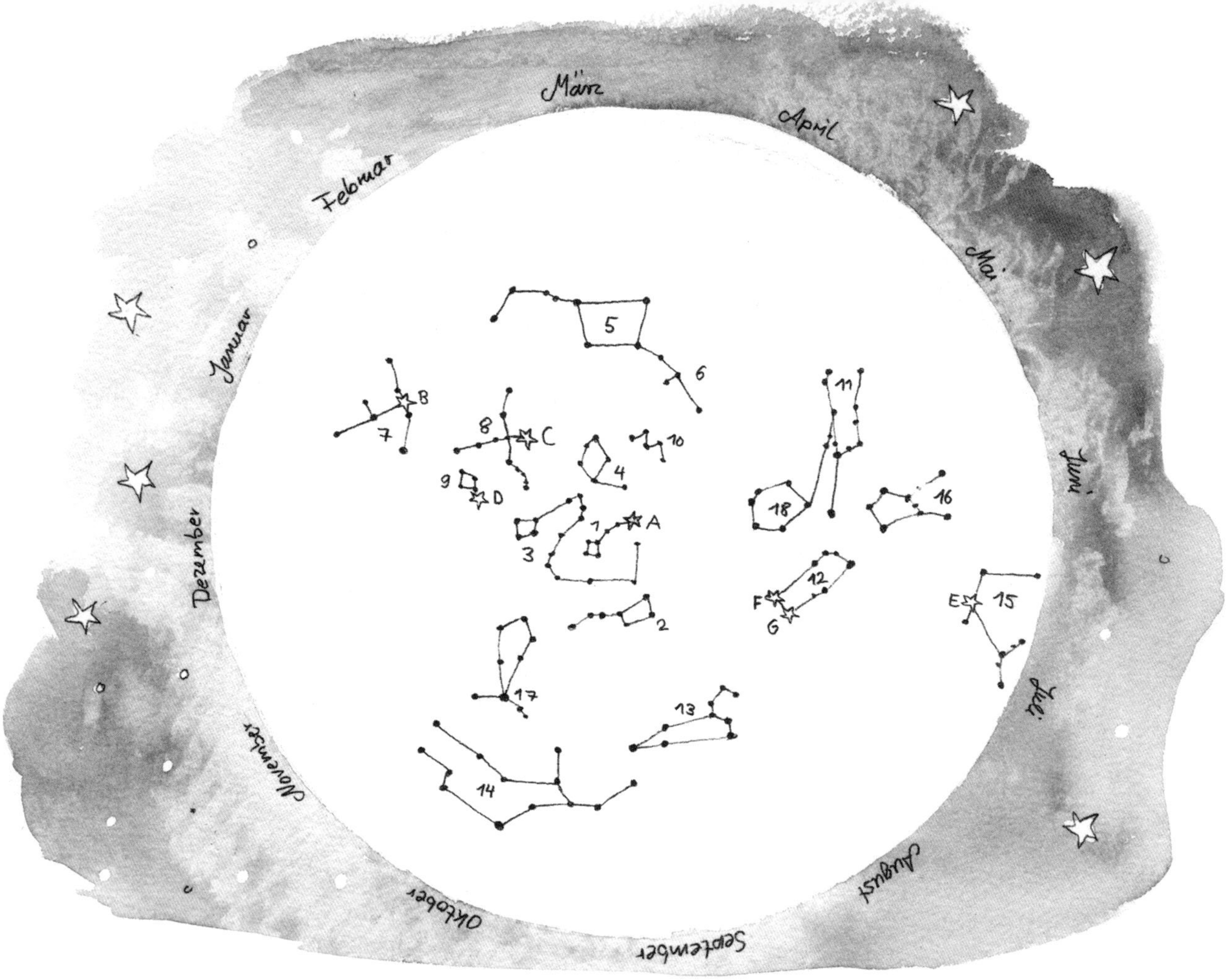

Sternbilder: 1. Kleiner Wagen (Kleiner Bär), **2.** Großer Wagen (Großer Bär), **3.** Drache, **4.** Kepheus, **5.** Pegasus, **6.** Andromeda, **7.** Adler, **8.** Schwan, **9.** Leier, **10.** Kassiopeia, **11.** Stier, **12.** Zwilling, **13.** Löwe, **14.** Jungfrau, **15.** Großer Hund, **16.** Orion, **17.** Bootes (Bärenhüter), **18.** Fuhrmann
Sterne: A. Polarstern, **B.** Atair, **C.** Deneb, **D.** Wega, **E.** Sirius, **F.** Kastor, **G.** Pollux

Welche Sternbilder sind wann gut zu sehen?

Die Jahreszeitensternbilder finden sich im Süden, die der vergangenen Jahreszeit im Westen und die der kommenden Jahreszeit im Osten am Himmel.

- **Im Frühling** lassen sich die Sternbilder **Jungfrau, Löwe** und **Bootes** (Bärenhüter) gut beobachten.
- **Im Sommer** ist das Sommerdreieck aus den Sternen **Wega** (Sternbild Leier), **Deneb** (Sternbild Schwan) und **Atair** (Sternbild Adler) gut zu sehen.
- **Im Herbst** finden sich die Sternbilder **Kassiopeia, Pegasus** und **Andromeda.**
- **Im Winter** sucht man am besten zuerst den **Orion** mit dem dreigestirnten Jakobsstab in der Mitte: drei leuchtende Sterne in einer Reihe. Um ihn herum finden sich der **Große Hund** mit dem hellsten Stern, der **Sirius, Stier, Fuhrmann** und **Zwilling.**
- **Das ganze Jahr über** lässt sich bei uns der **Große Wagen** am Himmel finden. Er kann als Orientierungshilfe dienen: Verlängert man die Rückwand des Wagens um ein Fünffaches aufwärts, kommt man zu einem besonders hellen Stern: dem **Polarstern.** Der Polarstern ist zugleich der letzte Stern der Deichsel des **Kleinen Wagens.** In seiner näheren Umgebung finden sich die Sternbilder **Drache, Leier, Schwan, Kepheus, Kassiopeia** und **Fuhrmann.**

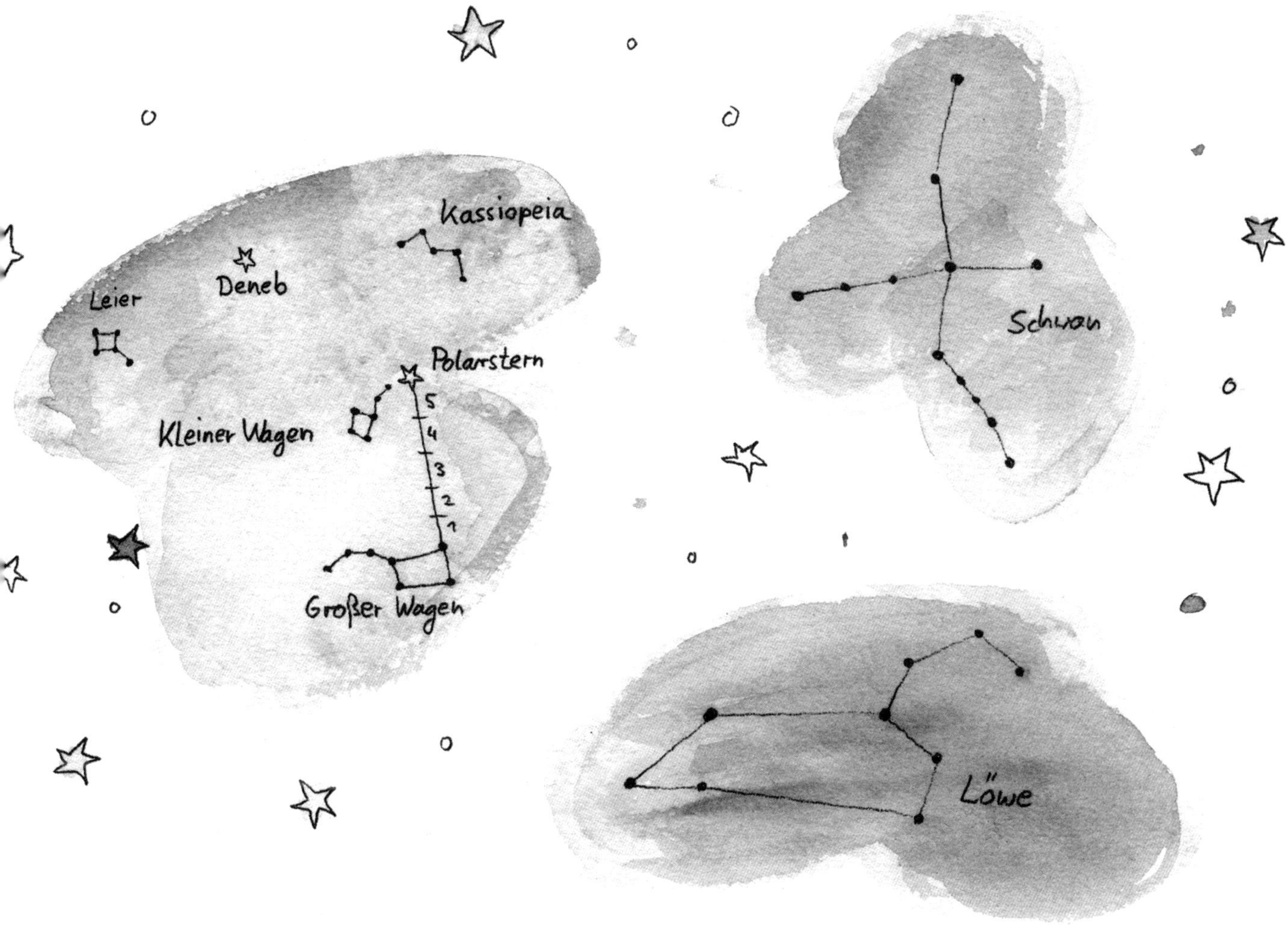

Den großen Wagen finden

An ein modernes Auto darf man nicht denken, wenn man den Großen Wagen sucht. Eher an einen alten Karren, bestehend aus einer Kiste und einer Deichsel.

Alter: ab 8 Jahren
Material: Zeichnung Großer Wagen
Ort: draußen

Alle sehen sich das Sternbild auf der Zeichnung an und suchen es am nördlichen Himmel.

Der Kompass-Stern am Himmel

Alter: ab 8 Jahren
Ort: draußen

Ist der Wagen gefunden, machen sich die Kinder auf die Suche nach dem Polarstern. Sie verlängern die hintere Wand der Wagenkiste des Großen Wagens um ein Fünffaches nach oben: Der helle Stern dort ist der Polarstern. Er steht immer genau über dem Nordpol und ist dadurch ein untrüglicher Wegweiser nach Norden.

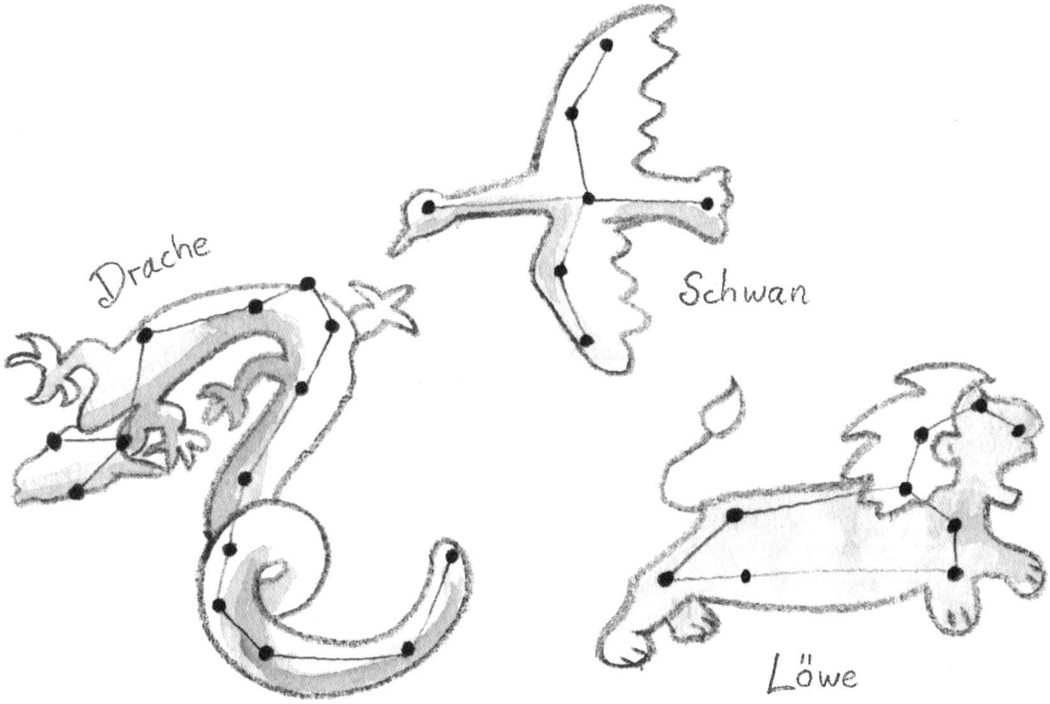

Einen Stern aussuchen

Alter: ab 8 Jahren
Material: Sternkarte
Ort: draußen

Alle suchen sich einen Stern aus, der ihnen besonders gut gefällt oder auffällt. Es heißt, man kann Wünsche zu ihm hinaufschicken, die vielleicht in Erfüllung gehen …
Im Anschluss versuchen alle an einer Sternkarte herauszufinden, wie der „eigene" Stern heißt und ob er zu einem bekannten Sternbild gehört.

Für Schlaufüchse:
Und die Erde bewegt sich doch!
Wer ein Sternbild länger betrachtet, bemerkt, dass es seine Position am Himmel verändert. Das liegt daran, dass sich die Erde dreht. Dies ist gut zu beobachten am Großen Wagen.
Die Indianer nennen das Sternbild Großer Wagen die „Schöpfkelle". Es „dreht" sich um den Polarstern. Erst gießt die Schöpfkelle das Leben spendende Wasser über der Erde aus, dann bewegt sie sich nach unten, schöpft neues Wasser und steigt wieder nach oben, um schließlich erneut das Wasser auszugießen.

Sternbild-Namen

Viele Sternbilder haben Namen, weil sie etwas verbildlichen. Wie kommt das Sternbild „Adler" zu seinem Namen? Wie der Wagen, der Löwe und der Drache?

Alter: ab 8 Jahren
Material: Papier, Stifte
Ort: draußen oder drinnen

Die Kinder malen die einzelnen Sterne eines Sternbilds auf ein Blatt Papier und versuchen, die „Gestalt" nachzuzeichnen.

Sternenmärchen und -sagen

Die meisten der heute gebräuchlichen Bezeichnungen der Sternbilder und Sterne stammen von den Griechen. Der Sternenhimmel spiegelt dabei die Sagen- und Götterwelt von vor über viertausend Jahren. Hauptakteur zahlreicher Sternensagen ist der oberste Gott Zeus.

Alter: ab 6 Jahren
Material: Sagenbücher (aus der Bibliothek)

Ort: drinnen oder draußen

Die Gruppenleitung liest verschiedene Sternensagen vor. Einige können die Kinder gut mit verteilten Rollen nachspielen. Bei einer Nachtaktion suchen sie die Sagengestalten am Himmel.

Beispiele

- An **Herbstabenden** sind im Süden die Sternbilder Pegasus und Andromeda zu sehen. Zu diesen Sternbildern gehört die Sage des Helden Perseus, der auf dem geflügelten Ross Pegasus die schöne Andromeda, Tochter des Königspaares Kepheus und Kassiopeia, vor dem Meeresungeheuer, einem riesigen Walfisch, rettete.
- Am **Winterhimmel** fällt das Sternbild des Orions besonders ins Auge. Orion war ein wilder Jäger, der die sieben Töchter der Pleione jagte. Gut auffindbar ist auch das Sternbild der Zwillinge durch die beiden gleich hell erscheinenden Sterne Kastor und Pollux. Hier knüpft die Sage von dem in einen Schwan verwandelten Zeus und der Königstochter Leda an. Von ihren beiden Söhnen Kastor und Pollux künden noch heute die beiden gleichnamigen Sterne.
- Im **Frühling** stehen die Sternbilder Löwe, Jungfrau und Bootes gut sichtbar am Himmel. Hier spielt die Sage um die Jagdgöttin Artemis und Bootes, den Bärenhüter, und den Großen und Kleinen Bären. Der Löwe im griechischen Götterhimmel war übrigens ein mit Eisenschuppen bedecktes und somit fast unbesiegbares Ungeheuer. Es gehörte zu einer der zwölf Aufgaben des Herkules, dieses Tier zu töten, was ihm auch gelang.
- Im **Sommer** spielt das Sternbild des Schwans eine große Rolle am Himmelszelt. Es erinnert an eine der zahlreichen Verwandlungskünste des Götterkönigs Zeus. Als Schwan verführte er die schöne Leda, von deren Kindern am Winterhimmel wiederum die Sterne Kastor und Pollux berichten (s. o.).

Tierkreiszeichen

Die Jahresbahn der Sonne, auch Tierkreis genannt, ist auf der Sternenkarte zumeist als Linie eingezeichnet. Auf dieser Linie bewegen sich Sonne, Mond und Planeten. Ist dort am Himmel ein besonders heller Stern auszumachen, der zu keinem Sternbild gehört, handelt es sich vermutlich um einen Planeten.

Alter: ab 8 Jahren
Material: Sternkarte, Tageszeitung, Malsachen
Ort: draußen oder drinnen

Auf der Linie finden sich die Sternbilder, die zum Tierkreis gehören und manchen von uns durch Horoskope vertraut sind. Je nach Jahreszeit sind sie der Reihe nach im Süden am Himmel gut zu sehen.
Die Teilnehmenden schlagen – falls sie es noch nicht wissen – zuerst nach, zu welchem Tierkreiszeichen sie gehören (z. B. im Horoskop der Tageszeitung). Doch wie sieht dieses Tierkreiszeichen eigentlich aus und welche Sterne am Himmel gehören dazu? Von einer Sternenkarte malen sie ihr persönliches Sternbild ab. Je nach Jahreszeit (und Wetter) lassen sich einige davon auch direkt am Himmel finden.

Sternenhimmel über dem Bett

Alter: ab 6 Jahren
Material: Leuchtklebefolie, Schere, Sternbilder oder Sternkarte
Ort: drinnen

Kleine Sterne aus Leuchtklebefolie schneiden und über dem Bett oder der Kuschelecke in Form von Sternbildern anbringen.
Besonders geeignet ist hierfür die Nachbildung des Himmels, der immer zu sehen ist: Der Polarstern und der Kreis der so genannten Zirkumpolarsterne (auf der Sternkarte durch einen Kreis gekennzeichnet), z. B. der Große und der Kleine Wagen, der Dra-

Abenteuer- und Geländespiele in der Dunkelheit

In der Nacht werden Geländespiele zu einem großen Abenteuer. Die Teilnehmenden wagen sich gemeinsam oder alleine in die Dunkelheit, überwinden Ängste und können sich innerhalb des Spielrahmens sicher fühlen. Spaß und Spannung lenken von der Angst ab – und meist bleibt gar keine Zeit, sich vor der wie ein Tier aussehenden Wurzel oder vor eingebildeten Bewegungen zu fürchten.
Wer mit Gruppen nachts in den Wald geht, muss als erstes gewährleisten, dass das Vertrauen darin, trotz allem „sicher" zu sein, berechtigt ist. Ein Hauptaugenmerk liegt daher schon im Vorhinein auf der Sicherheit der Teilnehmenden! Dies beginnt mit der Wahl eines geeigneten Ortes für die Aktion und endet mit dem Erste-Hilfe-Material, das selbstverständlich im Rucksack dabei ist.

Die Auswahl des Spielgeländes

Nachts können wir uns auf unsere Augen nicht mehr ganz verlassen – es gilt also ein Spielgelände zu finden, das möglichst keine Gefahrenstellen enthält. Das Gelände sollte:

- eben sein (keine Abhänge, Erdlöcher und Gräben)
- möglichst keine Stolperfallen besitzen (z. B. Äste und umgefallene Bäume am Boden)
- keine Gefahren in Augenhöhe der Teilnehmenden besitzen (keine abgebrochenen Äste in Augenhöhe, Nadelwälder mit tiefen und trockenen Ästen meiden)
- sicher auch von oben sein (keine morschen Äste in den Baumkronen, kein stehendes Totholz)

Zudem ist eine deutliche und unübersehbare Spielfeldgrenze nötig. Hierzu eignen sich nachts vor allem Wege oder Waldränder.

Um für die Teilnehmenden immer einen sichtbaren Anlaufpunkt zu haben, eine Kerze in einem Windlicht zentral und gut sichtbar aufhängen. Hier kann jeder schnell die Spielleitung erreichen, etwa wenn jemand Angst bekommt, sich verletzt hat oder auch zum Sammeln nach einer Aktion.

Tipp

Bitte sprechen Sie sich mit dem zuständigen Forstamt ab, sollten sie nachts in den Wald gehen! Das Forstamt kann Ihnen wichtige Tipps und Hinweise geben und Jäger benachrichtigen bzw. vorwarnen.

Im Rucksack immer dabei

Neben dem Erste-Hilfe-Material, das nie im Rucksack fehlen sollte, gehören noch andere Materialien auf die Packliste:

- eine sehr gute Taschenlampe, die für Notfalleinsätze gedacht ist
- ggf. Ersatztaschenlampe oder Ersatzbatterien
- eine Trillerpfeife, um das Spielende anzeigen zu können. Wer die Trillerpfeife hört, kommt automatisch zum beleuchteten Sammelpunkt in der Mitte des Spielfeldes.

Durchzählen

Bevor es losgeht und nach jedem Spiel sollte unbedingt jedes Mal gezählt werden, ob noch alle da sind. Hierzu bilden zwei BetreuerInnen sich gegenüber stehend ein Tor, durch das die Teilnehmenden nacheinander hindurch treten. So werden Doppelzählungen vermieden – und falls jemand fehlt, kann zeitnah gesucht werden. Es kommt durchaus einmal vor, dass ein Kind versunken in seinem Versteck ausharrt und erst beim Rufen merkt, dass das Spiel bereits beendet wurde.

Der Taschenlampen-Trick

Für Kinder ist es natürlich toll, mit der Taschenlampe loszuziehen und möglichst viel zu beleuchten. Es macht ihnen Spaß – und es nimmt ihnen auch Unsicherheit und Angst. Viele Spiele und Aktionen machen jedoch mehr Spaß, wenn die Taschenlampen aus bleiben. Auch fällt es den Kindern dann leichter, in die Nacht einzutauchen und sich auf die ungewohnte Situation einzulassen. Zudem gewöhnen sich die Augen eher an die Dunkelheit.

Bei manchen Gruppen reicht eine kurze Erklärung und das abgegebene Versprechen aller Teilnehmenden, dass die Taschenlampen aus bleiben – es sei denn, ein Notfall tritt ein.

Häufig bietet es sich aber auch an, die Taschenlampen einzusammeln. Dazu treffen sich alle nach einer ersten Wegstrecke, auf der mit den Taschenlampen eifrig gespielt werden konnte, im Kreis. Gemeinsam beleuchten die Kinder verschiedene Punkte nacheinander: den Himmel, eine Baumkrone oder einen tollen Stein. Dabei hat die Spielleitung ausreichend Zeit, sich zu merken, wer alles eine Taschenlampe hat. Schließlich richten alle die Lampe auf den Boden in der Mitte des Kreises. Die Spielleitung erklärt, dass nun eine neue Herausforderung auf die Gruppe zukommt, öffnet ihren Rucksack, geht herum und lässt jeden seine Taschenlampe hinein legen. Sind alle Lampen eingesammelt, versuchen die Teilnehmenden, ihre Augen an die Dunkelheit zu gewöhnen. Sie kneifen für drei Sekunden mehrmals hintereinander die Augen zu und merken, wie sie immer mehr Strukturen erkennen können. Und los geht's!

Keine Angst!

Bei allen Spielen und Aktionen ist auch hier das Wichtigste: Keine Angst erzeugen! Das heißt auch, dass jeder nur das macht, was er sich zutraut. Niemand sollte gezwungen werden, alleine in den Wald zu laufen, wenn es ihm davor wirklich graut. Meist hat derjenige selbst eine Lösung im Kopf, wie er oder sie dennoch mitmachen kann: mit einem Freund oder einer Freundin zusammen gehen, in einer kleinen Gruppe in die Mitte genommen werden, in der Nähe des Betreuers laufen, ...

Sind die Kinder noch klein, bietet es sich an, bei der Nachtaktion die Eltern oder ein Elternteil mit einzuladen. An der Hand von Papa und in einer kleinen Gruppe zusammen mit ein oder zwei anderen Familien sind auch Fünfjährige beim Leuchtsteinrätsel (➜ S. 80), beim Weg durch die Dunkelheit (➜ S. 86) oder beim Geländespiel Katzenaugen (➜ S. 85) voll dabei!

Das Klopfspiel

Alter: ab 8 Jahren (ab 5 Jahren mit Eltern oder Großeltern)
Material: Hängekerze, Streichhölzer, Stöcke vom Waldboden
Ort: draußen im Wald

Alle MitspielerInnen suchen sich zwei Stöcke, die möglichst laut klingen, wenn sie aneinander geschlagen werden. Drei der SpielerInnen sind die ersten freiwilligen „Sucher". Die anderen verstecken sich je nach Mut einzeln oder in Zweier- und Dreiergruppen im umliegenden Wald.

Wichtig! Sie dürfen nur so weit gehen, dass sie die in der Mitte des Spielfeldes aufgehängte Kerze noch erkennen können, um nicht die Orientierung zu verlieren.

Sind alle versteckt, kehrt kurz Ruhe im Wald ein. Die Sucher machen sich auf den Weg, die Versteckten zu finden. Dazu klopfen sie dreimal mit beiden Stöcken aufeinander. Die Versteckten antworten mit zweimaligem Klopfen. Wer gefunden ist, wird ebenfalls Sucher.

Sind alle gefunden, gehen sie zurück zum Ausgangspunkt bei der Kerze und das Spiel beginnt neu.

Variante für jüngere Kinder

Mit kleinen Kindern nur zwei Gruppen bilden, bei denen jeweils mindestens ein Betreuer dabei ist.

Während sich die eine Gruppe gemeinsam versteckt und dabei eng zusammenkuschelt, macht sich die andere Gruppe Hand in Hand auf die Suche nach den Versteckten. Alle paar Schritte bleiben die Suchenden stehen, klopfen und lauschen auf Antwort. Sind sich alle sicher, in welche Richtung es gehen soll, werden die nächsten Schritte gewagt.

Leuchtsteinrätsel

Alter: ab 8 Jahren (ab 5 Jahren mit Eltern oder Großeltern)
Material: Geländekarte, Karteikarten, Leuchtsteine (mit fluoreszierender Farbe bemalte Steine), Hängekerze, Taschenlampen, Filzstift
Ort: draußen

Vorbereitung

Eine grobe Karte des Geländes erstellen, auf der markante Wege und Orte, das Spielfeld sowie der Spielmittelpunkt aufgezeichnet sind.
Zehn bis 15 Karteikarten mit Buchstaben, die ein Wort ergeben (z. B. K, A, T, Z, E, N, A, U, G, E, N) an markante Orte legen, die auf der Karte eingezeichnet werden. Zu den Karteikarten jeweils ein bis drei Leuchtsteine legen.
Mit Kerzen die Zentralstelle des Spielfeldes, in der sich die Spielleitung aufhält, ausleuchten.

Spielverlauf

Zu Beginn des Spieles Kleingruppen bilden. Jede Gruppe erhält eine Taschenlampe.
Die Karte mit den eingezeichneten Orten zeigen, wo sich die Karteikarten befinden. Diese und die beiliegenden Steine sollen die Kinder so schnell wie möglich finden und einsammeln.
Jede Gruppe, die eine Karte und einen Leuchtstein gefunden hat, bringt sie auf kürzestem Weg zur Spielleitung. Diese streicht den Fundort auf der Karte aus, so dass auch die anderen Gruppen wissen, wo nichts mehr zu holen ist, und trägt den Namen der Gruppe dort ein.
Für jeden gefundenen Leuchtstein gibt es in der Endwertung einen Punkt, für das Erraten des Lösungswortes gibt es drei Punkte. Gewonnen hat die Gruppe, die am meisten Punkte hat.

Regeln

- Wenn eine Gruppe eine andere im Dunkeln anspricht oder ihr auflauert, müssen Karte und Steine unaufgefordert übergeben werden. (Tipp für die Gruppen: Taschenlampenlicht macht sichtbar, deshalb sollte man vorsichtig damit umgehen.)
- Jedes Mal, wenn ein Schatz gefunden wurde, muss die gesamte Gruppe zum Kartenverwalter, um den Schatz eintragen zu lassen.

Tipp

Es bietet sich an, ein Wort zu nehmen, das mit dem folgenden Tag in Zusammenhang steht, z. B. der Startpunkt einer Orientierungsrallye, oder ein Losungswort, das in einem anderen Spiel benötigt wird.

Variante für jüngere Kinder

Das Spiel z. B. am Ortsrand, der stellenweise noch von Laternen beleuchtet ist, durchführen. Es gibt den Kindern mehr Sicherheit, wenn sie immer wieder auch durch erleuchtete Bereiche laufen können.
Spielen ausschließlich Kinder im Kindergartenalter mit, kann es noch weiter vereinfacht werden: Die Leuchtsteine auf dem Kindergartengelände wie Ostereier verstecken. Die Kinder gehen in größeren Gruppen, ausgestattet mit Taschenlampen, mit jeweils einem Betreuer auf die Suche. Für jeden gefundenen Leuchtstein kann es zum Abschluss eine kleine Überraschung geben.

Glühwürmchenwald

Glühwürmchen sind kleine Käfer (nicht Würmer!) mit leuchtenden Stellen auf der Bauchunterseite. Das Leuchten ist Folge einer chemischen Reaktion und dient als Signal, um das andere Geschlecht zu finden. Dabei leuchten die Weibchen, die häufig flugunfähig sind und wurmähnlich aussehen, um die Männchen anzulocken. Viele Arten senden die Lichtblitze in für sie charakteristischen Zeit-Intervallen.

Alter: ab 8 Jahren (ab 5 Jahren mit Eltern oder Großeltern)
Material: Taschenlampen
Ort: draußen im Wald
Vorbereitung: Ein weitläufiges Spielfeld suchen, das möglichst durch Wege begrenzt ist.

Spielverlauf
Den Kindern die Spielfeldgrenzen zeigen. Zwei Drittel der Gruppe versteckt sich allein oder jeweils zu zweit als Glühwürmchen im Spielfeld. Alle ein bis zwei Minuten geben sie ein kurzes Lichtzeichen. Der Rest der Gruppe – die „Glühwürmchenmännchen" ohne Licht – versucht, die Glühwürmchen aufzuspüren. Wird ein Glühwürmchenweibchen gefunden, gibt es seine Taschenlampe bei der Spielleitung ab und wird selbst zum Sucher, bis alle Lichtblitze erloschen und alle Glühwürmchen gefunden sind.

Variante für jüngere Kinder
Mit Kindergartenkindern das Spiel mit kürzeren Blinkintervallen auf einer Wiese spielen. Das macht viel Spaß.

Fuchs und Maus

Alter: ab 8 Jahren (ab 5 Jahren mit Eltern oder Großeltern)
Material: 4 helle Taschenlampen, Glöckchen in 2 unterschiedlichen Klanghöhen
Ort: Wiese in absoluter Dunkelheit

Auf einer Wiese ein Spielfeld abstecken und die Eckpunkte mit vier hellen Taschenlampen beleuchten.
Zwei Drittel der Teilnehmenden spielen Mäusen. An ihren Beinen kleine, hell bimmelnde Glöckchen befestigen.
Die restlichen MitspielerInnen sind Füchse, die auf Mäusejagd gehen. An ihre Beine werden tief läutende Glocken gebunden.
Da es sehr dunkel ist, können Fuchs und Maus sich nicht sehen. Sie können sich also nur über die Ohren orientieren! Die Aufgabe der Füchse besteht darin, die Mäuse zu fangen. Wer gefangen ist, verlässt das Spielfeld und stellt sich an einem der Eckpunkte auf. Die Mäuse wiederum haben die Aufgabe, jeweils ein Nest auf der gegenüber liegenden Seite des Spielfeldes zu erreichen. Wer kommt durch?
Wichtig! Für dieses Spiel ist absolute Dunkelheit notwendig. Um Unfälle zu vermeiden, darf nicht gerannt werden. Stillstehen ist den Mäusen nur jeweils für 30 Sekunden erlaubt.

Variante
Ist es nicht ganz so dunkel, kann das Spiel auch in einem gut begrenzten Waldstück gespielt werden, wo die Mäuse zeitweise mit dem Schatten der Bäume verschmelzen. Es sollte jedoch nur wenig trockenes Laub auf dem Boden liegen (sonst sind die Schritte lauter als die Glocken). Im Nadelwald darauf achten, dass die unteren Äste in Augenhöhe nicht gefährlich werden.

Lichter-Menschen

Einst lebten hier im Wald die Lichter-Menschen. Sie konnten sich nur mit einem Licht in der Hand fortbewegen. Eines Tages kam jedoch ein Sturm und hat allen ihre Leuchtquelle ausgeblasen, wo immer sie sich in dem Moment auch befunden haben. Seit diesem Tag sind sie erstarrt und warten auf ihre Erlösung. Ihre ausgelöschten Lichtgläser befinden sich ganz in ihrer Nähe. Sie können nur erlöst werden, wenn wir ihre Lichtgläser finden und wieder anzünden.

Alter: ab 8 Jahren (ab 5 Jahren mit Eltern oder Großeltern)
Material: kleine, flache Gläser mit Teelichtern, 2 Kerzen, Streichhölzer
Ort: Wald

Spielverlauf

Jeder Teilnehmende bis auf zwei bekommt ein Teelicht in einem Glas (das Licht ist aus). Zwei Kinder erhalten je eine Kerze. Alle werden dazu aufgefordert, sich einen Platz alleine (oder zu zweit) im nächtlichen Wald zu suchen. Sie verwandeln sich in erstarrte Lichter-Menschen. Sind alle versteckt, gehen die zwei übrigen mit brennender Kerze los und suchen die Versteckten. Einer nach dem anderen wird gefunden, seine Kerze wird angezündet und er sucht seinerseits nach anderen Lichter-Menschen.
Allmählich kehren die TeilnehmerInnen in die Runde zurück und bilden einen Lichterkreis. Dieser Abschluss bietet ein faszinierendes Bild.

Mimese

Mimese heißt schützende Nachahmung der Farbe oder Gestalt von Gegenständen der Umwelt durch wehrlose Tiere, so dass Feinde sie nicht mehr von der Umgebung unterscheiden können.

Alter: ab 8 Jahren (ab 5 Jahren mit Eltern oder Großeltern)
Material: dunkle Kleidung oder Jutesäcke (um helle Kleidung abzudecken), 1 Taschenlampe
Ort: draußen
Vorbereitung: Helle Kleidung mit den mitgebrachten dunklen Jutesäcken tarnen.

Die Teilnehmenden bilden zwei gleich große Gruppen. Die eine der Gruppen erhält 10 Minuten Vorsprung und läuft den Weg voraus, bis sie außer Sichtweite ist. Hier erhält sie ihre Aufgabe:
Die Teilnehmenden sollen am Wegesrand durch Nachahmung der Umgebung so mit dem Hintergrund verschmelzen, dass sie kaum noch zu sehen sind. Es geht nicht darum, sich hinter etwas zu verstecken – die Herausforderung ist deutlich größer: Jeder soll versuchen, mit seiner Silhouette mit einem Baum, einem Erdhaufen oder Gebüsch zu verschmelzen.

Sind die Teilnehmenden gut verborgen, kommt die zweite Gruppe. Sie erhält eine Taschenlampe. Ihre Aufgabe ist, die Verborgenen zu finden und sich nicht täuschen zu lassen. Dazu geht die Gruppe langsam den Wegbereich ab, ohne die Lampe zu benutzen. Nur wenn sich die Kinder sicher sind und untereinander geeinigt haben, dass z. B. an einem Baum jemand steht, dürfen sie kurz und gezielt einen Lichtblitz auf die Stelle schicken. Ist einer der Verborgenen getroffen, tritt er heraus. War es ein Fehlschuss, werden bei der abschließenden Wertung der Suchergruppe zwei Punkte abgezogen.

Punktwertung

Die Suchergruppe erhält für jeden Gefundenen einen Punkt. Die Verborgenen erhalten für jeden, der verborgen bleibt, einen Punkt und für jeden „Fehlschuss" zwei weitere Punkte.
Nach der ersten Runde die Rollen tauschen.

Variante für jüngere Kinder

Jüngere Kinder spielen direkt in einer dunklen Ecke des Kindergartengeländes.

Für Schlaufüchse: Welche Tiere nutzen Mimese?
Zu den Tieren, die Mimese betreiben, gehören z. B. Insekten, die Zweige imitieren. Bekannt dafür sind die Stabheuschrecken, die wie trockene Äste aussehen. Auch manche Spannerraupen schaffen es, wie ein dürrer Zweig auszusehen. Für diese Tarnung ist es natürlich notwendig, sich gar nicht oder nur sehr langsam zu bewegen.

Was ist Mimikry?
Mimikry ist ein anderer Trick mancher harmloser Tierarten: Sie ahmen in ihrer Gestalt und Farbe ein giftiges oder wehrhaftes Tier nach. So z. B. die Schwebfliege, die mit ihren gelb-schwarzen Streifen eine Wespe imitiert.

Zauberer erwecken

Vor langer Zeit lebten in diesem Wald drei große Zauberer. Sie hatten zu den Menschen in den benachbarten Dörfern ein gutes Verhältnis. Die Menschen brachten den Zauberern Nahrung, und diese dankten es ihnen, indem sie das Leben der Menschen verlängerten. An diese alte Geschichte erinnert dieses Spiel …

Alter: ab 8 Jahren (ab 5 Jahren mit Eltern oder Großeltern)
Material: Nüsse, Rosinen, Kandis, Verkleidung für die Zauberer, Teelichter in Gläsern, Filmdöschen, Herzkarten, Stärkekarten; evtl. Softball
Ort: draußen

Vorbereitung

- Erstellen der verschiedenen Karten: Herzkarten, Stärkekarten (Brunnen, Schere, Blatt).
- Drei Statisten verkleiden sich als Zauberer und erhalten die Herzkarten. Sie verabreden, wer welche Nahrungsvorliebe hat und auf welche Erweckungsart reagiert: Haselnüsse / Geistergesang, Rosinen / sanft ins Gesicht blasen, Kandis / Handmassage. Dann verstecken sie sich im Spielgelände im Wald.
- Drei bis vier „Dörfer" im Wald mit Teelichtern in Marmeladengläsern markieren und mit drei verschiedenen Nahrungsmitteln in ausreichender Anzahl ausstaffieren (Nüsse, Rosinen, Kandis).
- Jedes Kind erhält ein bis zwei leere Filmdosen als Transportmittel für die Nahrung.

Spielverlauf

Die Kinder bilden drei bis vier Gruppen. Jeder Gruppe wird ein „Dorf" im Wald zugewiesen. Ihre Aufgabe ist, den Zauberern Nahrung zu bringen. Dabei muss jedes Nahrungsteil jedoch einzeln in einer der Filmdosen transportiert werden. Jeder Zauberer nimmt nur eine bestimmte Nahrung (s. o.) an. Zudem ist für jeden Zauberer ein anderes Erweckungs-Ritual notwendig: Geistergesang, sanft ins Gesicht blasen oder eine Handmassage.

Nach einem Startsignal machen sich die Teilnehmenden auf die Suche nach den Zauberern. Ist ein Zauberer gefunden, gilt es, diesen zuerst zu erwecken. Die Gruppe darf dazu zwei Erweckungsarten versuchen. Wenn die gewählte Erweckungsart richtig war, ist der Zauberer bereit, Nahrung anzunehmen. Er wählt dazu seine spezielle Nahrung aus den angebotenen aus. Im Austausch gibt er der Gruppe eine Herzkarte als Zeichen für verlängertes Leben, die von den Kindern auf direktem Weg in ihr Dorf gebracht wird.

Wurde nicht die richtige Erweckungsart gewählt, verschwindet der Zauberer und lässt sich an einem anderen Ort nieder. Dies gilt auch, wenn die richtige Nahrung fehlte.

Weitere Regeln

- Es darf immer nur ein Nahrungsteil pro Teilnehmendem oder eine Herzkarte pro Gruppe transportiert werden.
- Das Dorf darf niemals unbewacht bleiben. Stößt eine andere Gruppe auf ein unbewachtes Dorf, darf es die Kerzen löschen und die dort abgelegten Herzkarten an sich nehmen. Ist das Dorf bewacht, ziehen die anderen Gruppen friedlich vorüber.
- Begegnen sich die Teilnehmenden, können sie einander zum Wettkampf auffordern. Jeder Teilnehmende trägt drei Stärkekarten mit sich, die nach dem Schnick-Schnack-Schnuck-Prinzip funktionieren. Die Brunnenkarte schlägt die Scherenkarte, die Scherenkarte schlägt die Blattkarte, die Blattkarte schlägt die Brunnenkarte. Auf „3" ziehen die beiden beteiligten Teilnehmenden eine Karte. Der Sieger bekommt entweder die mitgeführte Herzkarte oder die Nahrungsdose des Verlierers.
- Die Zauberer halten sich nie lange an einem Platz auf, sie bewegen sich mal schneller und mal langsamer. Gelegentlich können sie auch hinter einem Baum sitzen bleiben.

Ziel ist es, innerhalb der Spielzeit so viele Herzkarten wie möglich ins Dorf zu tragen.

Das Spiel wird auf ein vereinbartes Zeichen beendet und im Anschluss ausgewertet.

Variante

Ein böser Riese wirft mit einem Softball die Teilnehmenden ab. Wenn er jemanden getroffen hat, muss der Getroffene eine Herzkarte oder Dose abgeben.

Variante für jüngere Kinder

Mit kleinen Kindern eine vereinfachte Form auf einer großen Wiese spielen. Jede einzelne Gruppe hat mindestens einen Betreuer. Die Aufgabe besteht darin, die drei Zauberer (evtl. Feen, da sie weniger ängstigen) ausfindig zu machen, zu erwecken und dadurch eine Herzkarte zu bekommen. Ziel ist es, die drei Zauberer bzw. Feen zu finden und insgesamt drei Herzkarten zu bekommen.

Katzenaugen

Ein tolles Spiel für alle Altersgruppen, bei dem durch die wandernden Lichter und das Blitzen der Reflektoren ein eindrucksvolles Bild entsteht!

Alter: ab 8 Jahren (ab 5 Jahren mit Eltern oder Großeltern)
Material: ca. 20 Fahrradreflektoren (Katzenaugen) zum Aufhängen, Taschenlampen, Lederbänder in 4 Farben (rot, blau, weiß und schwarz)
Ort: draußen im Wald oder Park

Vorbereitung

Reflektoren im Wald verteilt an Bäumen und Büschen aufhängen. Zu jedem Reflektor vier Lederbänder in den Gruppenfarben aufhängen.

Spielverlauf

Die Kinder bilden vier Gruppen. Jede Gruppe bekommt eine Farbe zugeteilt (rot, blau, weiß oder schwarz). Mit Taschenlampen gehen sie in den Wald. Es gilt, möglichst schnell alle Bändchen mit der eigenen Gruppenfarbe einzusammeln. Wer als erstes seine Bänder vollständig bei der Spielleitung abgibt, hat gewonnen!

Variante 1

Die Fundorte müssen z. B. in eine Karte eingetragen werden.

Variante 2

Bei bestimmten Reflektoren warten Aufgaben auf die Teilnehmenden, z. B.:

- Stellt gemeinsam pantomimisch ein Tier dar, das hier im Wald vorkommt. Natürlich muss man es erkennen bzw. erraten können. Erst gemeinsam überlegen – dann handeln!
- In eurer Gruppe/Klasse ist ein neues Kind. Denkt euch bitte fünf Aktivitäten aus, die ihr mit ihm unternehmen wollt, damit es sich bei euch gut aufgenommen fühlt.
- Jeder aus der Gruppe bringt fünf Steine, gemeinsam dürfen sie aber nicht mehr als 3 kg wiegen.
- Rätsel:

  Der arme Tropf
  hat einen Hut und keinen Kopf
  und hat dazu
  nur einen Fuß und keinen Schuh.
  Was ist das?

Der Fliegenpilz

Für Schlaufüchse: Wieso leuchten Katzenaugen in der Nacht?

Katzen sind häufig in der Dämmerung oder in der Nacht unterwegs. Daher sind ihre Augen mit einem besonders guten Sehvermögen für die Dunkelheit ausgestattet. Diese Sehkraft verdanken sie vor allem dem speziellen Aufbau des Augenhintergrundes. Hinter der Netzhaut liegt eine Gewebeschicht, die einfallendes Licht reflektiert wie ein Spiegel. Dadurch sehen die Augen nicht nur leuchtend aus, das einfallende Licht wird durch die Reflexion verstärkt und trifft zweimal auf die empfindlichen Sehzellen in der Netzhaut. Das Licht wird also doppelt genutzt. Dadurch kann die Katze auch die kleinste Lichtquelle optimal ausschöpfen und dann noch sehen, wenn es für uns Menschen schon stockdunkel ist.

Weg durch die Dunkelheit

Alter: ab 8 Jahren (ab 5 Jahren mit Eltern oder Großeltern)
Material: 70–250 m Schnur

Vorbereitung

Die Schnur von Baum zu Baum durch das Gelände spannen. Dabei bedenken, dass die Teilnehmenden durchgehend nur auf der einen Seite der Schnur gehen werden – diese Seite von allen Gefahrenstellen (Äste am Boden oder in Augenhöhe) räumen.

Spielverlauf

Die Teilnehmenden folgen ohne Licht der Schnur in die Dunkelheit. Der Abstand zwischen den einzelnen liegt dabei je nach Mut zwischen 10 und 30 Metern. Für viele eine richtige Mutprobe! Es gilt dabei nicht zu rennen (das machen viele, wenn sie Angst haben), sondern ruhig und gemessen zu gehen, den Faden nur als Orientierung (nicht zum Dranhängen) zu nutzen und den umgebenden Wald intensiv wahrzunehmen.

Variante für jüngere Kinder

Jüngere können eine kürzere Wegstrecke alleine oder zu zweit gehen, an deren Ende ein Betreuer wartet. Hierzu eignen sich vor allem dunkle Ecken und Kurven, so dass das Ende der Strecke nicht gleich zu sehen ist.

Nächtliche Schatzsuche

Alter: ab 8 Jahren (ab 5 Jahren mit Eltern oder Großeltern)
Material: Fackeln (evtl. Kerzen in Gurkengläsern), Schellen, Glöckchen, Karten vom Gelände, „Schätze" (Süßigkeiten oder mit reflektierender Farbe bemalte Steine)
Ort: Wald oder Park

Vorbereitung

An vier bis fünf Punkten im Gelände einen Schatz verstecken und auf einer Karte eintragen. Die Karte in drei Stücke zerteilen.
Drei Betreuer befestigen Glöckchen und Schellen an ihren Beinen, so dass sie beim Gehen Geräusche machen. Sie erhalten jeweils ein Kartenstück und werden damit zum Geheimnisträger. Sie begeben sich in das Spielgelände (Waldfläche). Ihre Aufgabe ist es, im Spielgelände herumzuwandern.

Spielverlauf

Die Teilnehmenden bilden eine Gruppe und erhalten ein bis zwei Fackeln (Variante für Gruppenteilung s. u.). Ihre Aufgabe besteht darin, alle Schätze zu bergen und zur Spielleitung zu bringen! Um die Orte zu erfahren, an denen sie suchen müssen, gilt es zuerst die Geheimnisträger zu finden. Diese lassen sich nur akustisch aufspüren …
Ist ein Geheimnisträger entdeckt, darf die Gruppe 30 Sekunden auf sein Kartenstück gucken, sich darauf orientieren und sich möglichst viele Schatzverstecke merken. Nach 30 Sekunden verschwindet der Geheimnisträger mit der Karte und darf für mindestens zwei Minuten nicht mehr von der Gruppe angesprochen werden.
Die Gruppe versucht, den Schatz zu finden oder macht sich auf die Suche nach einem weiteren Geheimnisträger.
Gefundene Schätze bei der Spielleitung abgeben. Sind alle Schätze eingetroffen, ist das Spiel beendet und die Schatzfeier kann beginnen!

Vorsicht! Feuergefahr! Aufgrund der Fackeln darf das Spiel nicht im trockenen Wald gespielt werden. Gegebenenfalls sollten bei Trockenheit Kerzen in Gurkengläsern eingesetzt werden.

Variante mit Gruppenteilung

Bei mehreren Gruppen jeweils vier bis fünf Verstecke pro Gruppe anlegen. Für jede Gruppe eine eigene Karte zeichnen und zerteilen. Um die Karten und Gruppen unterscheiden zu können, werden dazu verschiedene Farben vergeben.
Gewonnen hat, wer am schnellsten alle seine Verstecke gefunden hat! Die erste Gruppe teilt sich auf und unterstützt die anderen beim Suchen.

Morsespiele mit der Taschenlampe

Schon seit Urzeiten beschäftigen sich die Menschen mit der Übertragung von akustischen und optischen Nachrichten. Die Römer nutzten die Feuerpost: Fackelsignale verbreiteten Nachrichten von Wachturm zu Wachturm. Später nutzten die Niederländer Windmühlenflügel zur Telegrafie. Im Jahr 1857 entwickelte schließlich der Amerikaner Samuel Morse das Morsealphabet, das mit Piepstönen übertragen wird.

Alter: ab 8 Jahren (ab 5 Jahren mit Eltern oder Großeltern)
Material: Morsealphabet, Schlüssel, Taschenlampen mit Knopf, mit dem man blinken kann
Ort: Wald oder Park

Das Morsealphabet
Beim Morsealphabet wird jeder Buchstabe durch eine Zeichenfolge aus langen und kurzen Tönen oder Lichtblitzen ersetzt.

Nach jedem Buchstaben wird eine Pause gemacht. Der Empfänger bestätigt in der Pause den Empfang:

verstanden	=	kurzer Lichtblitz (Zeichen: 1 Punkt •)
nicht verstanden	=	langer Lichtblitz (Zeichen: 1 Strich –)

Das Morsen

Morsen erfordert hohe Konzentration, daher sollten die Texte kurz und möglichst in ein Geländespiel eingebettet sein. Der Ablauf beim Morsen ist immer derselbe:
Die eine Gruppe nimmt mit der Taschenlampe Kontakt auf und blinkt kurz-kurz, kurz-kurz, kurz-kurz. Hat die andere Gruppe dieses bemerkt, antwortet sie mit „Anruf verstanden" (= kurz-kurz, kurz-kurz).
Ist der Kontakt aufgebaut, beginnt die Sendergruppe, die Worte zu buchstabieren. Die Empfänger entschlüsseln sie mit einem Morseschlüssel (s. u.) und bestätigen jeden übersetzten Buchstaben mit „verstanden" (= kurz). Wird etwas nicht verstanden, hilft ein langer Lichtblitz. Der Sender wiederholt dann den Buchstaben. Wurde die ganze Nachricht nicht verstanden, morst man kurz-kurz, lang-lang, kurz-kurz. Sieht der Nachrichtensender dieses Zeichen, fängt er mit der Übermittlung erneut an.

Der Morseschlüssel

Der Morseschlüssel dient als Unterstützung, um Morsezeichen schnell und sicher zu entschlüsseln. Gestartet wird oben an der Spitze. Beginnt das Morsen mit einem kurzen Lichtblitz (= •), verfolgt man die Spur auf der linken Seite, beginnt das Morsen mit einem langen Lichtblitz (= –), verfolgt man die Spur auf der rechten Seite. Danach immer der Linie nach unten folgen, je nachdem, ob ein langes oder kurzes Zeichen gesendet wird, und am Ende den Buchstaben ablesen.

Hilfreich ist es für Kinder, wenn jeweils ein Kind die Buchstaben übersetzt und ein anderes diese notiert. Ein drittes Kind bestätigt den Empfang.

Spielmöglichkeiten

- Am Ende einer Nachtwanderung entdecken die Kinder in der Ferne einen Sender, der sie „anruft". Er lenkt sie zu einem Ort, den die Kinder dem Namen nach kennen und wo auf sie eine Überraschung wartet (z. B. Kinderpunsch, Stockbrot).
- In einem Geländespiel (z. B. Katzenauge, → S. 85) erspielen sich die Kinder Buchstaben, die sie zu einem Wort zusammensetzen müssen. Die Gruppe, die als erstes das Lösungswort an die Spielleitung morst, hat gewonnen.

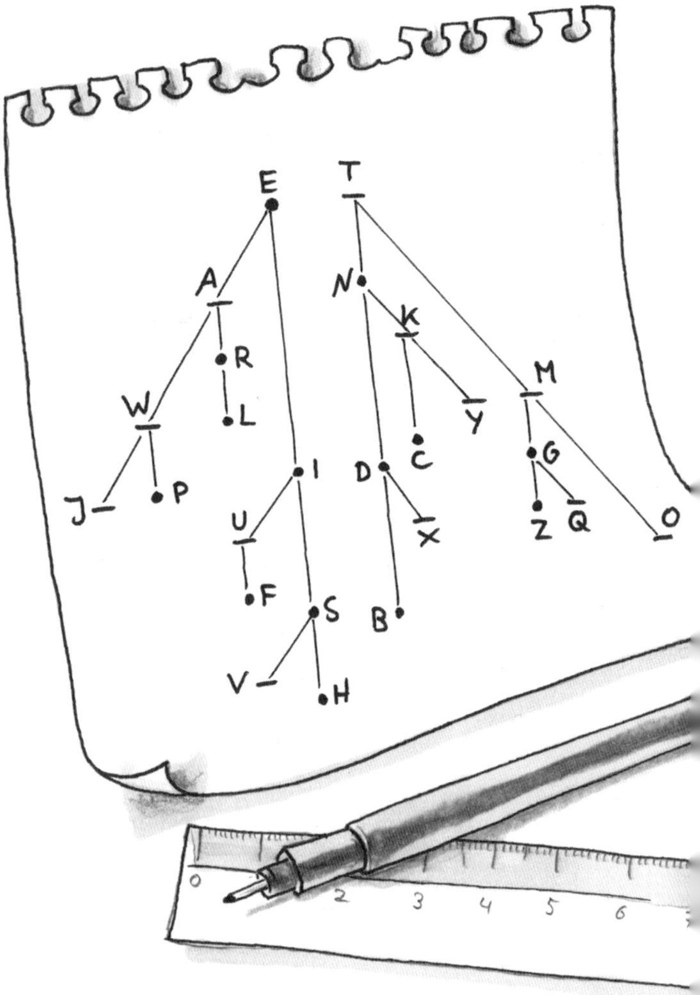

Programmbeispiele

Hier finden Sie Programmbeispiele für Aktionen mit Kindern und Jugendlichen in der Dunkelheit. Die Verweise auf die Kapitel helfen, die Spielbeschreibungen schnell zu finden.

Die vorgestellten Programme enthalten viele Aktionstipps. Zwingen Sie sich nicht, mit jeder Gruppe alle Aktionen durchzuführen. Gruppen sind unterschiedlich schnell. Während manche Gruppen sehr intensiv und „langsam" bei den Aktionen sind, sind andere schnell und kaum zu bremsen. Aus diesem Grund enthalten die Programme evtl. mehr Aktionen, als Sie zeitlich schaffen. Der Vorteil: So wissen Sie, dass Sie auf jeden Fall genug Ideen und Material dabeihaben. Kürzen können Sie jederzeit vor Ort, das Ergänzen ist sehr viel schwieriger.

Eine Nacht im Kindergarten / in der Schule

Für viele der teilnehmenden Kinder ist dieses eine der ersten Nächte, in der sie nicht zu Hause in ihrer vertrauten Umgebung schlafen. Entsprechend wichtig ist es, den Kindern Sicherheit zu vermitteln.

- Wir starten im Hellen, richten gemeinsam unseren Schlafplatz ein und machen es uns gemütlich. Isomatte und Schlafsack ausbreiten, Zahnputzsachen ins Bad bringen, das Kuscheltier auf das Kissen setzen. Zu wissen, wo sie schlafen und das Gefühl, dass dort alles in Ordnung ist, hat auf Kinder eine sehr beruhigende Wirkung.
- Ist der Schlafplatz fertig, geht es raus! Wir betrachten gemeinsam den Sonnenuntergang und tauchen mit Himmelssplitter in die Märchenwelt ein. (Biwak – nachts in freier Natur, ➜ S. 60)
- Am Lagerfeuer bereiten wir verschiedene Leckereien zu und essen zu Abend.

Wichtig! Vorher die Feuer- und Kokelregeln besprechen! (➜ S. 65)

- Inzwischen ist die Nacht hereingebrochen. Die Mutigsten untersuchen bereits das Gelände mit der Taschenlampe. Jetzt machen sich alle auf zur Leuchtstein-Suche (vereinfachte Form des Leuchtsteinrätsels, ➜ S. 80). Was die Leuchtsteine wohl zu bedeuten haben? Ob sie vom Mond abstammen, der ebenso hell leuchtet wie die Steine?
- Wir treffen uns wieder, um den Mond gemeinsam zu betrachten und zu beobachten (Mondenkind und Sternenbilder, ➜ S. 73).
- Auf dem Rückweg erleben wir eine Überraschung: Wir kommen an einem mit Teelichtern beleuchteten Erdmännchendorf vorbei! (Bei Nacht im Märchenwald, ➜ S. 50) Vorsichtig und rücksichtsvoll bestaunen wir das Dorf.
- Beim Zähneputzen gibt es viel zu besprechen. Vor allem die Erdmännchen lassen die Kinder nicht los. Aber jetzt geht es ab ins Bett! Dort gibt es noch eine Gute-Nacht-Geschichte (z. B. das Buch *Kleiner König Kalle Wirsch*, das vom König der Erdmännchen und seinen Abenteuern handelt, ➜ S. 94).

Variante

- Wer es nicht ganz so märchenhaft mag, geht nach der Beobachtung des Mondes gemeinsam mit den Kindern wieder hinein. Hier ist inzwischen einiges aufgebaut und vorbereitet:
- Die Kinder sammeln sich zum Figurenschattenspiel (Licht und Schatten, ➜ S. 37) und improvisieren Märchen rund um den Mond und die Leuchtsteine.
- Der Abend endet ebenfalls schließlich mit Zähneputzen und Vorlesen.

Nachtaktiv – eine Nachtwanderung

Bei dieser Nachtwanderung stehen die Tiere des Waldes und ihre Sinneswahrnehmung im Vordergrund.

- Alle ziehen sich warm an und treffen sich draußen. Wir starten zur Einstimmung mit „Farben verschwinden" und „Unscharfe Welt" (Spiele und Experimente für Naturforscher, ➜ S. 6). Dabei gewöhnen sich die Augen bereits an die Dämmerung und Dunkelheit.
- Im Anschluss startet die Wanderung in den Wald hinein. Zuvor das Zählen der Teilnehmenden nicht vergessen (Durchzählen, ➜ S. 78) und die allgemeinen Regeln erklären! (Wir sind als Gäste im Wald unterwegs und sollten die nachtaktiven Tiere möglichst nicht stören!) Auf dem Weg in den Wald kann ausgiebig mit den Taschenlampen gespielt werden.
- Die Kinder, die natürlich sehr aufgekratzt sind, sollten langsam ruhiger werden. Statt der Augen werden nun die Ohren geschärft durch „Hören wie eine Eule" und/oder „Hasenohren aufgestellt" (Spiele und Experimente für Naturforscher, ➜ S. 9).
- Leise geht es weiter in den Wald hinein. Um die Taschenlampen voll auszunutzen, spielen wir das Glühwürmchen-Geländespiel (Geländespiele, ➜ S. 81).
- Die Taschenlampen einsammeln (Taschenlampen-Trick, ➜ S. 79).
- Weiter geht es mit der Aktion Mimese (Geländespiele, ➜ S. 82).
- Mit dem Weg durch die Dunkelheit (Geländespiele, ➜ S. 86) folgen die Teilnehmenden schließlich einem dünnen Faden quer durch den Wald auf den Rückweg.

Das Durchzählen nicht vergessen!

Eine Nacht im Wald

Eine Nacht im Wald ist eine aufregende Sache! Vor allem, wenn die Teilnehmenden in selbst gebauten Hütten übernachten wollen. Entsprechend früh im Hellen sollte das Programm starten, so dass zur Dämmerung hin die Unterbringung bereits steht.

- Wir starten damit, unser Nachtlager herzurichten, Unterkünfte zu bauen (Biwak – nachts in freier Natur, ➜ S. 66) und die Schlafsäcke vorzubereiten. Weiß jeder, wo seine Taschenlampe liegt? Und die Zahnbürste? Hat jeder einen trockenen Ort zum Schlafen?
- Bei einem Streifzug orientieren wir uns in der Umgebung und beobachten Tiere: „Geräusche wahrnehmen" und „Tiere in der Dämmerung" (Biwak – nachts in freier Natur, ➜ S. 60 f.). Welche Tiere gibt es hier? Fühlen sich nachts auch alle vor den Tieren sicher?
- Zum Abendessen finden wir uns am Lagerfeuer zusammen. Es darf auch mal gekokelt werden! (Biwak – nachts in freier Natur, ➜ S. 63).
- Zähneputzen, solange es noch nicht ganz dunkel ist.
- Und dann ist etwas Bewegung gefragt: „Katzenaugen" (➜ S. 85) und/oder „Klopfspiel" (Geländespiele, ➜ S. 79).
- Im Anschluss treffen wir uns in ruhiger Stimmung am Lagerfeuer, die Sterne über uns. Wer kennt ein paar Sternbilder? Die Erwachsenen zeigen einfache Orientierungshilfen in der Nacht und erzählen Sternsagen (Mondenkind und Sternenbilder, ➜ S. 76).
- Müde kriechen alle in den Schlafsack. (Die Erinnerung daran, noch einmal austreten zu gehen, ist für jüngere Kinder oft hilfreich.) Eine Kerze im Windlicht bleibt an und gibt Orientierung für alle, die zwischendurch noch einmal aufwachen.

Die Nacht verzaubern: ein Großprojekt für lange Winterabende

Bei vielen Kindern mit unterschiedlichen Interessen und auch etwas mehr Zeit ist dieses Großprojekt bestens geeignet.

Die Kinder teilen sich in mehrere Arbeitsgruppen. Jede Gruppe bereitet einen Teil des Projektes vor, das in einem nächtlichen Abschluss-Event vor den Eltern und der Öffentlichkeit präsentiert wird.

Gruppe 1: die Dunkelheit färben

Im Wald oder auf einem großen und abwechslungsreichen Außengelände bereitet diese Gruppe eine nächtliche Kunstausstellung vor. Sie fertigt beleuchtete Skulpturen, einen schlafenden Drachen, Kerzenlabyrinthe oder Kerzenflöße (Die Dunkelheit färben, ➜ S. 43).

Gruppe 2: im Märchenwald

Nahe bei Gruppe 1 errichtet diese Gruppe ein Märchenland mit Erdmännchenhütten, Zwergenspielplätzen, beleuchteten Halbedelsteinen und schwebenden Blattgondeln (Bei Nacht im Märchenwald, ➜ S. 50). Ein Lichterpfad führt von der Kunstausstellung zum beleuchteten Märchenland (Lichterreise, ➜ S. 49). Ein Dunkelpfad (Weg durch die Dunkelheit, ➜ S. 86) führt die Besucher wieder auf einen befestigten Weg.

Gruppe 3: die Geisterbahn

Im Wald oder in der Einrichtung baut die Gruppe 3 eine Geisterbahn und überlegt sich passende Grueleffekte (So schön gruselig, ➜ S. 20).

Gruppe 4: Expedition ins Reich der Tiere

Die Gruppe 4 erstellt eine Ausstellung zu nachtaktiven Tieren. Sie recherchiert in Büchern, Zeitschriften und im Internet, malt Plakate und gestaltet Infotafeln aus Pappe. Beim Abschluss-Event lädt sie zudem die Gäste ein, an Spielen und Aktionen zu den Sinnen teilzunehmen und so die Inhalte der Ausstellung zu erleben (Spiele und Experimente für Naturforscher, ➜ S. 9).

Gruppe 5: Schattentheater

Die Teilnehmenden der Gruppe 5 widmen sich ganz dem Theater. Sie entwickeln Kostüme oder Handpuppen und proben kleine Stücke, die zum Abschluss aufgeführt werden. Die Gäste erhalten einen Scherenschnitt ihres Profils (Licht und Schatten, ➜ S. 35).

Tipp

Die Kinder haben sicher ganz eigene Vorschläge zu weiteren Arbeitsgruppen. So kann eine „Zeitungsgruppe" entstehen, die die Arbeit der einzelnen Gruppen als Reporter begleitet und evtl. die Presse zum Abschluss-Event einlädt und sie dann auch betreut. Andere möchten sich vielleicht mit Sternen näher beschäftigen oder sich um passende Verpflegung und Musik kümmern. Der Fantasie sind keine Grenzen gesetzt!

Anhang

Register

Spiele: Normalschrift
Bastelaktionen: fett
Rezepte: kursiv
<u>Gedichte: unterstrichen</u>

Für Schlaufüchse

Literaturhinweise

Landart

Andy Goldsworthy, *Holz*, Verlag Zweitausendeins 1996

Nachts im Wald

CH Waldwochen, *Wald erleben und erfahren*, Verlag an der Ruhr 1992

Kaderli, M./ Bertschy, F. / Ritter, D., *Kennen und können*, Rex Verlag 1998

Kalff, M., *Handbuch der Natur- und Umweltpädagogik*, Günter Albert Ulmer Verlag 1994

Natur- & Umweltbildung, Erlebnispädagogik

Burg, D., *Quer durch – Erlebnispädagogik in Schule und Freizeit*, Rex Verlag 1998

Gerlach, C., *Natur erkunden – Natur schützen.* Die große Ideen- und Projektekiste für Kinder, Verlag an der Ruhr 1999

Gilsdorf, R. Kistner, G., *Kooperative Abenteuerspiele*, Kallmeyersche Verlagsbuchhandlung 1999

Hesebeck, B., Lilitakis, G., Schulz, S., Gouder, D., *Mit Robin Hood in den Wald*, Ökotopia Verlag 2003

Robra, A., *Zauberstein und Riesenstab*, Kallmeyersche Verlagsbuchhandlung 2001

Saudhoff, K., Stumpf, B., *Mit Kindern in den Wald*, Ökotopia Verlag 1998

Sinne

Dröscher, V. B., *Tiere – wie sie sehen, hören und fühlen*, Tesloff Verlag 1986

Nagl, K. / Witt, G., *Tierfreund – Sinne erleben*, Sailer Verlag o. J.

Vorlesegeschichte

Michels, T., *Kleiner König Kalle Wirsch*, dtv junior 1988

Die Autorin

Birthe Hesebeck ist 1971 in Bremen geboren. Die Dipl. Biologin und PR-Referentin ist seit vielen Jahren in der Umweltbildung und Erlebnispädagogik tätig. Gemeinsam mit Kollegen gründete sie 1998 das Unternehmen Arillus (Gesellschaft für Umweltbildung, Beratung und Naturerlebnis mbH). Arillus bietet eine Vielzahl von Projekten für Kinder, Jugendliche und Erwachsene an, u. a. Naturerlebnis-Klassenfahrten, Abenteuer-Wochenenden und Fortbildungen. Regelmäßig entwickelt Arillus zudem neue Spiele, die in den Projekten zum Einsatz kommen.

Arillus
Umweltbildung, Beratung und Naturerlebnis GmbH

2003 erschien im Ökotopia Verlag „Mit Robin Hood in den Wald", das Birthe Hesebeck zusammen mit Georg Lilitakis, Stefan Schulz und Dirk Gouder geschrieben hat.

Kontaktadresse: Arillus GmbH, Schildweg 1, 37085 Göttingen, www.arillus.de, Mail: info@arillus.de

Die Illustratorin

Anne Wöstheinrich (Dipl. Designerin), geboren 1969 in Beckum, studierte Illustration und Grafik-Design an der Fachhochschule Münster. Seit zehn Jahren arbeitet sie als selbstständige Kinder-, Jugend- und Schulbuchillustratorin für verschiedene Verlage. Sie lebt mit ihren zwei Kindern und zwei Katzen in Münster.